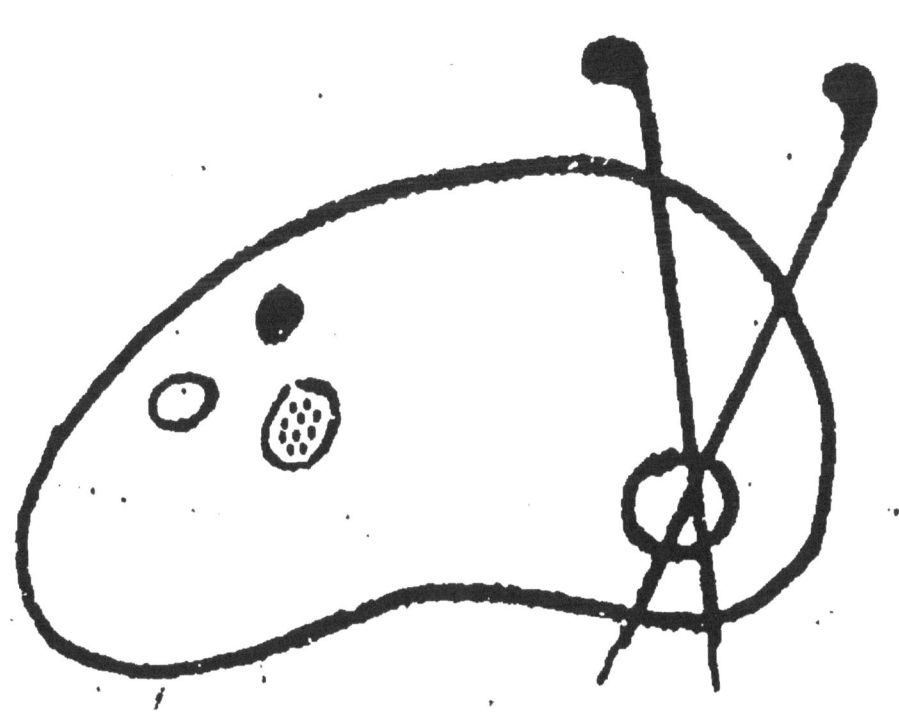

Couvertures supérieure et inférieure
en couleur

LES
RACINES DE LA LANGUE RUSSE

PAR

LOUIS LEGER

Professeur au Collège de France et à l'Ecole supérieure de guerre
Membre correspondant de l'Académie des Sciences de St. Pétersbourg

ET

G. BARDONNAUT

capitaine du génie breveté d'état major.

PARIS
LIBRAIRIE ORIENTALE ET AMÉRICAINE
DE
J. MAISONNEUVE
LIBRAIRE-ÉDITEUR
25, QUAI VOLTAIRE, 25.
1894.

AVANT-PROPOS.

Ce petit livre présente les résultats de longues années d'enseignement. Dans les cours que j'ai professés tour à tour à l'Ecole des Langues orientales, à l'Ecole supérieure de guerre, au Collège de France j'ai toujours insisté sur l'étymologie des langues slaves et de la langue russe en particulier. Cette dernière est fort à la mode aujourd'hui; mais on en parle plus qu'on ne l'étudie et parmi ceux qui essayent de l'apprendre il y a plus d'appelés que d'élus. Beaucoup d'étudiants se rebutent au bout de quelques mois effrayés par la richesse de la grammaire et du vocabulaire.

Dans les deux éditions que j'ai données de la grammaire de REIFF (¹) j'ai essayé de simplifier le mécanisme de la langue russe qui paraissait très compliqué dans les éditions antérieures. Dans ce répertoire on verra comment le vocabulaire d'une langue fort riche peut être réduit à ses principaux éléments.

Cet ouvrage est le résumé de leçons professées à l'Ecole supérieure de guerre. Depuis de longues années mes élèves ont pris l'habitude d'établir sous ma direction un cahier de racines et ils se sont plus à reconnaître

___
(¹) Librairie MAISONNEUVE.

l'intérêt et les avantages de la méthode étymologique. A diverses reprises ils m'avaient sollicité de publier mes leçons. De nombreuses occupations m'avaient empêché de déférer à leur désir. L'un d'entre eux, M. le capitaine G. BARDONNAUT, a eu l'idée de rédiger les notes qu'il avait prises à mes cours; il les a complétées par un dépouillement consciencieux du dictionnaire qui lui était déjà familier. Il m'a soumis son travail; je l'ai revu et complété. Ce livre est donc le résultat de la collaboration d'un professeur et d'un élève. Je remercie M. BARDONNAUT de m'avoir forcé la main; notre œuvre commune n'est pas tout à fait celle que j'aurais rêvée; mais elle rendra certainement des services.

La langue russe, en laissant de côté les mots isolés, les vocables étrangers, peut être réduite à environ huit cents éléments primordiaux. Le présent répertoire en a recueilli environ cinq cents; ce sont ceux qui sont les plus usuels et qui fournissent le plus de dérivés. Nous laissons à l'étudiant le plaisir de faire par lui-même quelques découvertes et de les noter sur les pages blanches qui leur ont été réservées. Il est bien entendu d'autre part que chaque racine n'a pas la prétention d'épuiser tous ses dérivés. Le lecteur ajoutera en marge ceux que ses recherches lui auront signalés.

Quelques-uns des dérivés pourront au premier abord paraître singuliers et n'avoir qu'un rapport très lointain avec le sens primitif de la racine. Pour découvrir les rapports de la racine et du dérivé il faut d'une part connaître l'évolution des phénomènes phonétiques, de l'autre les circonstances au milieu desquelles tel ou tel sens s'est produit. Notre petit livre ne pouvait entrer dans tous ces détails. Ce sera l'affaire du professeur de les expliquer, ou de l'étudiant de les découvrir en s'aidant d'ouvrages plus considérables, du dictionnaire explicatif de la langue russe de Даль (Толковый Словарь Новаго Великорускаго Языка) ou de l' *Etymologisches Wörterbuch der Slavischen Sprachen* de Franz Miklosich (Vienne 1886).

Voici quelques exemples des étymologies imprévues qui peuvent embarrasser l'étudiant et dont les Russes eux-mêmes ont parfois peine à trouver l'explication.

Sous la racine спѣх, *hâte, succès*, on trouve спѣх, *la hâte*, спѣшить, *se hâter*, спѣшный, *précipité*, puis tout à coup доспѣхъ *l'armure complète*. Comment доспѣхъ se rattache-t-il à спѣх? Le Dictionnaire de Макаров ne nous permet pas de le deviner. Celui de Даль nous donne la solution:

Le verbe доспѣть, доспѣвать dans certaine parties de la Russie veut dire *achever de faire, fabriquer;* le доспѣхъ c'est donc l'objet fabriqué, par suite l'armure. C'est ainsi que chez nous *confection* veut dire d'abord: *action de faire* jusqu'à l'achèvement, ensuite vêtement fait à l'avance et par assortiment et même mantelet (Littré).

La racine цѣл signifie *entier, en bon état:* цѣлить *guérir, remettre en bon état*. Mais quel rapport y a-t-il entre le sens de guérir et le verbe цѣловать, *baiser* qui se présente à côté de lui? Au premier abord le lien des deux idées paraît bien difficile à saisir. Il faut se reporter au sens primitif du mot. Цѣловать voulait dire saluer: „Цѣлуйте братію сущую въ Лаодикіи," saluez ceux de nos frères qui sont à Laodicée (Epitre aux Colossiens). Ici цѣловать est l'équivalant du verbe поздравлять qui veut dire proprement saluer. Mais поздравлять aujourd'hui a perdu son sens primitif (souhaiter la santé) et veut dire surtout féliciter: Цѣловать voulait donc dire: sois цѣлый, sois bien portant. Le baiser chez les anciens Slaves accompagnait la salutation. Цѣловать ne veut plus dire aujourd'hui que *baiser, embrasser.*

Sous la racine смерд, смрад, *puanteur, odeur forte* on sera peut-être étonné de rencontrer смородина, *groseiller.* Mais смородина a primitivement désigné le groseiller noir ou cassis dont on connaît l'odeur pénétrante.

Sous la racine толк, толок, *frapper, pousser, piler* on trouve потолокъ, *le plafond.* C'est d'abord le plancher, le sol battu.

Ѣд, яд *manger* donne ядъ *le poison;* c'est ainsi que le latin *potio,* breuvage a donné poison en français.

Certains mots composés demandent un long commentaire. Ainsi la racine ход fournit l'adjectif необходимый, *nécessaire, indispensable.* De même en allemand *gang* a donné *unumgänglich* qui a le même sens. L'obstacle необходимый, unumgänglich, c'est celui qu'on ne peut pas tourner (um-gehen, об-ходить), qu'il faut nécessairement franchir, dont le passage s'impose *nécessairement.*

Je pourrais multiplier les exemples à l'infini. Ceux que j'ai signalés suffisent à faire comprendre la délicatesse et l'interêt des recherches étymologiques. Beaucoup d'articles de notre répertoire demanderaient un commentaire analogue; les maîtres devront s'efforcer de le donner, les élèves de le découvrir. Ainsi que je l'ai dit plus haut les dictionnaires de Miklosich et de Dahl pourront être d'un grand secours.

Nous n'avons point voulu rebuter les commençants en leur présentant des approchements qui leur sembleraient d'un caractère trop paradoxal. Ainsi nous avons donné une racine кон, *fin* et une racine ча чн, *commencement.* Théoriquement les deux devraient être ramenés à une forme кен. Ceux qui prendront goût à nos recherches seront certainement vivement intéressés par des démonstrations qui pourraient tout d'abord effrayer les commençants.

La connaissance des racines permet de mieux retenir les mots en les groupant par catégories. Elle peut aussi aider à surmonter les difficultés que présentent certaines formes de la déclinaison ou de la conjugaison. Ainsi la double racine ча et чн, *commencer* permettra de retenir plus aisément les deux formes начать et начну. Le verbe ид-ти, *aller* n'a point de parfait. Il emprunte ce temps (шёлъ, шла, шло, шли) à un verbe aujourd'hui disparu. Quel était ce verbe et quel est son sens propre? On trouvera la réponse sans la racine *хед ou ход. Cette racine veut dire *marcher*. Шёлъ représente une forme antérieure шед-лъ = хед-лъ. On reconnaît ainsi la racine ход. Dans le féminin шла, ш est tout ce qui est resté de la racine хед. On la reconnaît plus nettement dans le participe passé шед-шій, *étant allé*.

Initié à ces recherches délicates l'étudiant — je l'ai bien souvent constaté — finit par y trouver cette sorte de plaisir que procure au géomètre une solution élégante. Ce plaisir n'est pas simplement une stérile satisfaction. La mémoire sollicitée par l'intelligence retient beaucoup mieux les formes ou les idées qui ont provoqué l'attention.

L'étude de la langue russe sera encore abrégée si l'élève prend la peine de rechercher (dans MIKLOSICH) et de noter en marge les formes parallèles des langues indo-européennes. Certains Russes se plaisent à dire — et on les croit trop volontiers — que leur idiome n'a rien de commun avec les autres langues de l'Europe. C'est là une hérésie contre laquelle on ne saurait trop protester. Elle a contribué à décourager plus d'un commençant. Assurément pour les personnes qui n'ont pas étudié les langues classiques, le russe apparaît comme une langue monstrueuse, hérissée de cas, de flexions, de difficultés de toute sorte. Pour les humanistes sa grammaire n'est guère plus compliquée que celle du grec et du latin. Quant au vocabulaire — si on laisse de côté les mots finnois orientaux ou étrangers — il est en grande partie indo-européen.

On constate à première vue l'identité de дать (*donner*) avec le latin *dare*, de пить (*boire*) avec le grec πίνειν. D'autres rapprochements sont moins évidents: par exemple ceux de плыть (*naviguer*) et de πλόος (*navigation*), de сердце (*cœur*) avec καρδία, de доль (*vallée*) avec l'allemand *Thal*, de велѣть (*ordonner*) avec le latin *velle*, de глядѣть (*regarder*) avec l'allemand *Glanz* (*éclat*), de поросёнокъ (*pourceau*) avec *porcus* etc.... L'étudiant ne découvre pas toujours ces rapprochements du premier coup, mais dès qu'il les a constatés il ne peut plus les oublier.

Ainsi comprise l'étude des langues n'est plus un simple exercice mécanique de la mémoire; elle devient, comme les mathématiques ou les sciences naturelles, une des spéculations les plus nobles de l'intelligence.

Novembre 1893.

LOUIS LEGER.

А.

алк, лак,
avidité, gourmandise.

алч-бá la faim. —
алк-áть avoir faim. —
алк-отá l'appétit. —
áлч-ный avide. —

лáк-омый gourmand. —
лáк-омить donner des friandises. —
лáк-омство la friandise. —
за-*лáк*-омить affriander. —

Б.

ба,
raconter des histoires.

ба-снь la fiction. —
бá-сня la fable. —
бá-ять parler. —
бá-сенникъ le conteur. —
ба-снословie la mythologie. —
о-*бá*-ять ensorceler. —
у-*бá*-ять persuader. —

бав, бы,
exister, être, durer.

бáв-ить prolonger. —
за-*бáв*-а l'amusement. —

— при-*бáв*-ка l'addition.
— *бы*-ть être, exister.
— *бы*-тьё l'existence.
— *бы*-лóй arrivé, passé.
— *бы*-лie l'herbe, la plante.
— *бы*-лица le fait.
— из-*бы́*--токъ le superflu.
— о-*бы*-ватель l'habitant.
— от-*бы́*-тie le départ.
— при-*бы́*-тie l'arrivée.
— у-*бы́*-токъ le dommage.

бд, бод, буд,
éveiller, exciter.

— *бд*-итель le veilleur.
— *бд*-ѣть veiller.

— *бóд*-рость la vaillance.
— *бóд*-рый brave, fier, vert.
— *бод*-рить animer.
— *бóд*-рствовать veiller.

— *буд*-ить réveiller.
— *буд*-ильникъ le réveil-matin.
— про-*бýд*-ъ le réveil.

бер, бир, бор, бр,
prendre.

— *бер*-ý je prends.
— из-*бир*-áтель l'électeur.
— о-*бир*-áло le fripon.
— вы́-*бор*-ъ le choix.
— за-*бóр*-ъ l'enclos.
— на-*бóр*-ъ le recrutement.
— при-*бóр*-ъ l'appareil.
— у-*бóр*-ка la récolte.
— со-*бóр*-ъ la cathédrale.
— с-*бóр*-никъ le magasin, le recueil.

— у-*бо́р*-ъ la parure.
— у-*бо́р*-ная le cabinet de toilette.
— *бр*-ать prendre.
— со-*бр*-а́ніе l'assemblée.

берег,
bord, rive.

— *бе́рег*-ъ la rive.
— *бере́ж*-никъ le chemin de halage.
— на́-*бере́ж*-ная le quai.
— по-*бере́ж*-никъ la brise.
— при- *бре́ж*-іе la rive.

берег, брег,
garder, conserver.

— *бере́*-чь garder, conserver.
— *бе́реж*-ный prudent.
— *бе́реж*-ь les économies.
— *бреж*-а́тый le gardien.

би, бі, бой,
battre, frapper.

— *би*-ть battre, frapper.
— *би́*-тва la bataille.
— *би*-чъ le fouet.
— *би*-то́къ le maillet.
— на-*би*-вно́й imprimé.
— раз-*би́*-тіе la défaite.
— у-*бі́*-йца le meurtrier.
— *бой* le combat.
— *бо*-е́цъ le lutteur.
— *бо́й*-ня l'abattoir.
— *бо́й*-кій hardi.
— *бой*-ница la batterie.
— вы́-*бой* l'ornière.
— от-*бо́й* la retraite.

⁀из-*бой*-на le résidu, le marc.
- при-*бой* le brisant.
 раз-*бой*-никъ le brigand.
— у-*бои*-на la viande de boucherie.
 про-*бой*-ный très fréquenté.

бид, бѣд,
misère, offense.

— о-*бид*-а l'offense.
— о-*бид*-ѣть offenser,
— о-*бид*-чикъ l'agresseur.
— о-*бид*-чивый susceptible.

— *бѣд*-а la misère.
— *бѣд*-ный misérable.
— *бѣд*-ствіе le malheur.
— *бѣд*-няга le pauvre diable.
— *бѣд*-овый dangereux.
— по-*бѣд*-а la victoire.
 у-*бѣд*-ить persuader.

благ,
bien, bonté.

благ-ой bon, utile.
бла́г-ость la bonté.
блаж-énство le bonheur.
блаж-éнный heureux, glorieux.
блаж-ить glorifier, célébrer.
благ-овáть faire des folies.
блаж-ь les folies.

блазн,
scandale.

— *блазн*-ь le scandale.
— *блазн*-ить tenter, séduire.
— *блазн*-итель le séducteur.
— *бла́зен*-ь le polisson.
— *блазн*-ивый scandaleux.

блат, болот,
marécage.

— *блáт*-о la marais.
— *блáт*-ный marécageux.

— *болóт*-о le marais.
болóт-истый marécageux.
болóт-никъ l'andromède.

блеск, блест, блист,
briller, scintiller.

— *блеск*-ъ l'éclat.
— от-*блеск*-ъ le reflet.
— про-*блеск*-ъ le trait de lumière.
— *блéст*-ка la paillette.
— *блест*-ѣть luire.
— *блест*-якъ le mica.
— *блес*-на́ le poisson d'étain.
— *блист*-áть luire.
— *блист*-áвица l'éclair de chaleur.

близ,
proximité.

близ-ъ auprès.
бли́з-ость la proximité.
бли́ж-ній proche.
близ-ить approcher.
близ-кій proche, parent.
близ-нéцъ le jumeau.
с-*близ*ж-éніе le rapprochement.

блуд, бляд,
faute, erreur.

— *блуд*-ъ la fornication.
— *блуд*-ить errer.

— *блуд*-ный débauché.
— *блуд*-яга le vagabond.
— за-*блуд*-и́ться s'égarer.
— *бляд*-ь la femme de mauvaise vie.

блѣд,
pâleur.

— *блѣд*-ный pâle.
— *блѣд*-ность la pâleur.
— *блѣд*-нѣть pâlir.
— *блѣд*-някъ l'ocre.

блюд,
observer, garder.

— *блю*-сти́ observer.
— *блюд*-е́нie la garde.
— *блю*-сти́тель l'inspecteur.
— на-*блюд*-а́тель l'observateur.

бог,
Dieu, bien.

— *бог*-ъ Dieu.
— *бог*-и́ня la déesse.
— *бож*-iй divin.
— *бож*-ёнка la chapelle.
— *бож*-ба́ le juron.
— *божо*-и́ться jurer.
— на́-*бож*-ный pieux, dévot.
— о-*бож*-а́ть adorer.
— *бог*-а́тый riche.
— у-*бо́г*-iй pauvre.
— у-*бож*-ница l'hospice.

бод,
piquer.

— *бод*-а́ть frapper des cornes.
— *бод*-е́цъ l'éperon.

— *бод*-и́ло l'épieu.
— *бод*-ла́къ le prunellier.
про-*бод*-а́ть percer de part en part.

бок,
côté.

— *бок*-ъ le côté, le flanc.
— *бок*-ово́й latéral.
— *боч*-и́ться pencher de côté.
— на-*бо́к*-ій penchant de côté.

бол,
souffrance, maladie.

— *бол*-ь la douleur.
— *бол*-ѣ́знь la maladie.
— *бол*-ьно́й malade.
— *бол*-ѣ́ть faire mal.
— *бол*-ьни́ца l'hôpital.
— *бол*-ьни́чникъ l'infirmier.
— за-*бол*-ѣ́ть tomber malade.
— на-*бол*-ѣ́лый douloureux.

болт,
agiter, bavarder.

— *болт*-а́ть remuer, bavarder.
— *болт*-ли́вый bavard.
— *болт*-овня́ le bavardage.
— *бо́лт*-ень la truelle.
— *болт*-у́нъ le bavard.
— под-*болт*-а́ть délayer.

боль,
mieux, plus grand.

— *бо́ль*-шій plus grand.
— *бол*-ьшо́й grand.

— *боль*-шина́ le doyen.
— *боль*-ша́къ l'ancien.
— *боль*-шинство́ la majorité.
— *боль*-шу́ха la fille aînée.
— на́-*боль*-шій le premier, le chef.

бор,
lutter, vaincre.

бор-е́цъ le lutteur.
бор-ьба́ la lutte, la bataille.
— *бор*-о́ть vaincre.
— *бор*-бище le champ de bataille.
по-*бор*-е́ніе la déroute.

борон, бран,
défendre, quereller, herser.

— *бран*-ь la querelle.
— *бран*-и́ть injurier.
бра́н-нкъ le guerrier.
воз-*бран*-е́ніе la prohibition.

— *борон*-и́ть défendre, herser.
— *борон*-а́ la herse.
о-*боро́н*-а la défense.

брат,
frère.

— *брат*-ъ le frère.
бра́т-скій fraternel.
бра́т-ія la confrérie.
брат-а́ться fraterniser.
бра́т-чина l'association.
со-*бра́т*-ъ le confrère.

бред, брод,
errer, passer, rôder.

— *бред*-ъ le délire.

— бре-стӣ errer.
— бред-ить divaguer.
— бред-ни les fadaises.
— пере-бре-стӣ passer à gué.
— при-бре-стӣ se traîner.

— брод-ъ le gué.
— брод-ить errer.
— брод-ячiй nomade.
— брод-яга le vagabond.
— с-брод-ъ la canaille.

бри, брей,
raser.

— бри-ть raser.
— брй-тва le rasoir.
— брй-тникъ le barbier.
— под-брй-ть tromper, voler.
— бороду-брéи le barbier.

брос, брас,
jeter, lancer.

— брос-ать jeter, quitter.
— брос-анiе le jet.
— брóс-кiй agile, prompt.
— брóс-овый insignifiant, vil.
— вы-брос-окъ le rebut.
— вы-брáс-ывать jeter dehors.

бряк, бряц,
résonner.

— бряк-ать résonner.
— бряк-анье le tintement.
— бряк-ушка le grelot.
— бряц-ать sonner.

бур,
orage.

- *бýр-я* l'orage.
- *бýр-ность* l'impétuosité.
- *бýр-ливый* turbulent.
- *бýр-ýнъ* le brisant.
- *бýр-ный* orageux.

быстр,
rapidité, courant.

- *быстр-ый* rapide.
- *быстр-отá* la rapidité.
- *быстр-инá* le rapide.

бѣг,
courir, fuir.

- *бѣг-ъ* la course.
- *бѣг-ать* courir.
- *бѣг-лый* rapide.
- *бѣг-лéцъ* le fuyard.
- *бѣг-ýнъ* le coureur.
- *бѣг-ство* l'évasion.
- раз-*бѣг-ъ* l'élan.
- за-*бѣг-ъ* le détour.
- на-*бѣг-ъ* l'invasion.
- пере-*бѣж-чикъ* le déserteur.
- по-*бѣг-ъ* la fuite.
- при-*бѣж-ище* l'asile.
- с-*бѣг-ъ* l'écoulement.

бѣл,
blanc.

- *бѣл-ый* blanc.
- *бѣл-ѣть* blanchir, devenir blanc.
- *бѣл-ьё* le linge.

— бѣл-éцъ le novice.
бѣл-овóй mis au net.
— бѣл-óкъ le blanc de l'œil.
— бѣл-ьмó la cataracte (maladie).
— бѣл-якъ le banc (de poissons).
за-бѣл-ина la tache blanche.
— про-бѣл-ъ la lacune.

бѣс,
diable.

— бѣс-ъ le diable, le démon.
— бѣс-ить mettre en fureur.
— бѣш-енство la rage.
— бѣш-еный enragé.
— бѣс-овскій diabolique.
— бѣс-новáтый possédé.
— бѣс-овщина la diablerie.
— бѣш-еница la ciguë.

B.

ваг,
poids, importance.

ва́г-а la balance.
ва́ж-ить peser.
ва́ж-ный grave, important.
ва́ж-ность l'importance.
ва́ж-ня la balance publique.
от-ва́г-а la hardiesse.
у-важ-а́ть respecter, estimer.

вал,
rouler, entasser.

— вал-ъ le flot, le rempart.
— вал-и́ть abattre, entasser.
— вал-я́ть rouler, fouler.
— ва́л-кiй vacillant.
— вал-ёкъ le cylindre.
— ва́л-ецъ le rouleau.
— вал-у́нъ le galet.
— вал-ю́га l'indolent.
— на-ва́л-ъ le tas.
— об-ва́л-ъ l'éboulement.
— по-ва́л-ъ l'épidémie.
— про-ва́л-ьный insupportable.
— раз-ва́л-ина la ruine.
— у-ва́л-ъ la dispersion.

вар,
bouillir, cuire.

— вар-ъ l'eau bouillante.
— вар-и́ть faire bouillir, digérer.
— ва́р-иво le potage.

— вар-éнье les confitures.
— вы-вар-ка le résidu.
— на-вáр-ъ le bouillon.
— не-вар-éнie l'indigestion.
— от-вáр-ъ le jus.
— пó-вар-ъ le cuisinier.
— при-вáр-ъ le pot-au-feu.
— вáр-ка la cuisson.
— само-вáр-ъ le samovar.

вед, вод,
conduire.

— вес-тú conduire.
— за-вед-éнie l'établissement.
— по-вед-éнie la conduite.

— вод-úть conduire.
— вожд-ь le chef.
— вож-áкъ le guide.
— в-вод-úтель l'introducteur.
— вз-вод-ъ le peloton.
за-вóд-ъ l'usine.
— óб-од-ъ la jante.
— пере-вóд-ъ le transport, la traduction.
пó-вод-ъ le motif, la bride.
— пред-вод-úтель le chef.
— раз-вóд-ъ le divorce.
— с-вóд-никъ le proxénète.
— с-вóд-ъ la voûte, le code.

вез, воз,
conduire en voiture.

— вез-тú conduire en voiture.
— воз-úть conduire en voiture.
— вóз-чикъ le voiturier.
— за-вóз-ня le bac.
— из-вóз-чикъ le cocher.

— на-*возъ* le fumier.
— об-*озъ* le train, le convoi.
— под-*возъ* le convoi.
— *воз*-жá la bride.
— пере-*воз*-чикъ le passeur.
— паро-*возъ* la locomotive.

вел, вол,
vouloir, ordonner.

вел-ѣть ordonner.
по-*вел*-ител le souverain.
по-*вел*-ительный impérieux.

вол-я la volonté.
вол-ьный libre.
до-*вол*-ьно assez.
из-*вол*-ить daigner.
не-*вол*-я l'esclavage.
не-*вол*-ьникъ l'esclave.
поз-*вол*-éнie la permission.
у-*вол*-ить congédier.
удо-*вол*-ьствie le plaisir.
продо-*вол*-ьствie l'approvisionnement.

велик, вель,
grandeur.

велик-iй grand.
велич-áть exalter.
велик-áнъ le géant.
велич-ество la majesté.
велич-áвый majestueux.
вель-мóжа le grand seigneur.

верт, воротъ, врат,
tourner.

верт-ѣть tourner.
вéрт-елъ la broche.

верт-ёжь le vertige.
верт-у́шка la girouette.
верт-ло́ la tarière.
верт-лю́гъ le tourbillon, l'axe.
ве́рт-кій vacillant.
верч-е́ніе le forage.
ве́рч-еный étourdi.
за-*ве́рт*-ка le loquet.
от-*ве́рт*-ка le tournevis.
с-*вер*-ло́ la tarière.
с-*вер*-ли́ть percer, forer.
с-*ве́рт*-окъ le rouleau.
у-*ве́рт*-ка le subterfuge.

во́рот-ь l'envers.
во́рот-ъ le treuil.
ворот-ни́къ le collet.
воро́ч-ать tourner, retourner.
за́-*ворот*-ень le levier.
из-*воро́т*-ъ l'expédient.
об-*оро́т*-ъ l'envers.
пере-*воро́т*-ъ la révolution.

вращ-е́ніе la rotation.
воз-*вра́т*-ъ le retour.
от-*врат*-и́тельный repoussant.
при-*вра́т*-никъ le portier.
раз-*вра́т*-ъ la débauche.
со-*вращ*-е́ніе le détournement.

верх,
sommet, achèvement.

верх-ъ le sommet.
верх-о́мъ à cheval.
верх-о́вье la source.
верш-и́на le sommet.
ве́рх-ный supérieur.
верх-у́шка la cime.

— *верш*-éнie la conclusion.
— *верш*-и́тель l'exécuteur.
— по-*вéрх*-ность la surface.
— с-*вéрш*-екъ l'intérêt, l'usure.
— со-*верш*-и́ть achever.
— со-*вéрш*-енство la perfection.
— со-*вéрш*-енный accompli, parfait.
— с-*верх*-ъ en outre, par dessus.

весел,
gaîté.

— *весёл*ый gai, joyeux.
— *весéл*-ье la réjouissance.
— *весéл*-ie le plaisir, la joie.
— *весел*-и́ть réjouir.
— *весéл*-ость la gaîté.
— *весел*-ьчáкъ le plaisant.
— нá-*весел*-ѣ entre deux vins.
— под-*весел*-я́ть griser.
— у-*весел*-и́тель le bouffon.

вечер,
soir.

— *вечéр*-ница l'étoile du soir.
— *вéчер*-ъ le soir.
— *вечéр*-ня les vêpres.
— *вечер*-и́нка la soirée, le souper.
— *вéчер*-я le souper.
— *вечер*-я́ть souper.
— за-*вечер*-ѣть être surpris par la nuit.
— на-*вечéр*-ie la veille, le vigile.
— по-*вечéр*-ie les complies.

ВИ,
tordre, envelopper.

— *ви*-ть tordre.

ви́-тіе la torsion.
ви́-тень le fouet.
ви́-лица le lierre.
в-*ви́*-вка l'entrelacement.
из-*ви́*-въ la sinuosité.
на-*ви*-ва́льня le dévidoir.
об-*ви́*-вка la bande.
по-*ви*-ту́ха la sage-femme.
раз-*ви́*-тіе le développement.
с-*ви́*-токъ le rouleau.

ВИД,
voir.

ви́д-ъ la vue, l'aspect.
ви́д-ный clair, apparent.
вид-о́къ le témoin.
вид-ѣ́ніе la vision.
ви́д-ѣть voir.
ви́д-имый évident.
за-*вид*-о́вать envier.
не́-*вид*-аль le prodige.
не-*ви́д*-ный de mauvaise mine.
нена-*ви́д*-ѣть détester, haïr.
при-*вид*-ѣ́ніе le fantôme.
про-*вид*-ѣ́ніе la providence.
с-*вид*-а́ніе l'entrevue.
с-*вид*-ѣ́тель le témoin.

ВИН,
dette, faute.

вин-а́ la faute.
вин-ова́тый coupable.
из-*вин*-и́ть excuser.
не-*ви́н*-ный innocent.

ВИС, ВѢС,
pendre, peser.

вис-ѣть pendre.

— *вис*-ѣлица la potence.
— на́-*вис*-ь la saillie.
— об-*вис*-лый incliné, flasque.
— *вис*-ѣльникъ le pendard.

    от-*вѣс*-ъ le plomb.
    под-*вѣс*-ка la breloque.
— *вѣс*-ы́ les balances.
    от-*вѣс*-ный vertical, à pic.
— *вѣс*-ить peser.
— *вѣс*-ъ le poids.
— *вѣш*-алка le porte-manteaux.
— за-*вѣс*-а le voile.
— за́на-*вѣс*-ъ le rideau de théâtre
— вы́-*вѣс*-ка l'enseigne.

ВИТ,
habiter.

— *вит*-а́ть séjourner.
— *вит*-а́тель l'habitant.
— *вит*-а́нье le séjour.
— *вит*-а́лище l'asile.
— об-*ит*-а́ть habiter.
— об-*ит*-ель la demeure, le couvent.

ВЛАГ, ВОЛГ,
humidité.

— *влаг*-а l'humidité, l'humeur.

— *влаж*-ить humecter.
    влаж-ность la moiteur.
    у-*влаж*-ать arroser.

— *волг*-ость la moiteur.
— *волг*-лый humide, moite.
— *волг*-нуть devenir humide.

влад, волод,
puissance, domination.

влад-ѣть posséder.
вла-сть le pouvoir.
влад-ѣніе la possession.
влад-ыка le seigneur.
влад-ѣтель le souverain.
влад-ѣлецъ le propriétaire.
влад-ѣнная le titre de possession.
влад-ычество la puissance.
о́б-*ла*-сть la province.
под-*вла́*-стный soumis.

воло-сть le baillage.

влак, влек, волок,
tirer, traîner.

влач-и́ть tirer, traîner.
о́б-*лак*-о le nuage.

влеч-ь tirer.
влеч-е́ніе l'inclination.
во-*влек*-а́тель le tentateur.
при-*влек*-а́тельность le charme.
раз-*влеч*-е́ніе la distraction.
у-*влек*-а́тельный séduisant.

воло́ч-ь tirer.
воло́к-ъ le portage.
волок-но́ le filament.
волоч-и́ться faire la cour.
на́-*волок*-а la taie d'oreiller.
под-*воло́к*-а le grenier.
про́-*волок*-а le fil d'archal.
про-*воло́ч*-ка le délai.
с-*воло́ч*-ь la canaille.

влас, волос,
cheveu.

влас-ъ le cheveu, le poil.

— *влас-янóй* de crin.
— *влас-янѝца* le cilice.

— *вóлос-ъ* le crin, le cheveu.
— *волос-áтый* chevelu, poilu.

ВОД,
eau.

— *вод-á* l'eau.
— *вóд-ка* l'eau-de-vie.
— *вод-ѝца* la boisson.
— *вод-нѝкъ* le réservoir.
— *вод-янка* l'hydropisie.
— на-*вод-нéніе* l'inondation.

ВОЙ,
guerre.

— *вой-нá* la guerre.
— *во-евáть* faire la guerre.
— *вóи-нъ* le guerrier.
— *вóй-ско* l'armée, les troupes.
— *во-éнный* guerrier, militaire.
— *вóй-нство* l'armée.
— *вой-тель* le guerrier.
— за-*во-евáтель* le conquérant.

ВОЛН,
agitation, flot.

волн-á le flot.
волн-овáть agiter.
волн-éніе l'agitation.
волн-ѝстый ondé, moiré.
волн-овóй orageux.

ВОЛН,
laine.

вóлн-а la laine.
волнянный de laine.

вон, нюх,
mauvaise odeur, flairer.

вон-ь la puanteur.
вон-я́ть puer.
во́н-ькій puant.
вон-ю́чка l'assa-fœtida.
про-*вон*-я́лый gâté, pourri.
об-*он*-я́ніе l'odorat.
об-*он*-я́ть flairer.

ню́хать flairer.
ню́хало flair.

ворк,
grogner, gronder.

— *ворк*-ова́ть roucouler.
ворк-ли́вый grondeur.
— *ворк*-у́нъ le grognon.
— *ворк*-отня́ le murmure.
— *ворч*-а́ть grogner, gronder.

враг, ворог,
ennemi, sorcier.

— *враг*-ъ l'ennemi.
— *вражд*-а́ la rancune.
вра́ж-ескій hostile.
— *враж*-ёнокъ le petit démon.

— *во́рог*-ъ l'ennemi.
— *ворож*-ба́ la bonne aventure.
— *ворож*-и́ть dire la bonne aventure.
об-*ворож*-е́ніе l'ensorcellement.

воск,
cire.

— *воск*-ъ la cire.
— *вощ*-и́ть cirer.

— *вощ*-а́нка la toile cirée.
— *вощ*-ано́й de cire.
— *воск*-ова́тый mêlé de cire.

врач,
traitement des maladies.

— *врач*-ъ le médecin.
— *врач*-ева́ть traiter.
— *врач*-ебство́ la médecine.
— *врач*-ева́ніе le traitement.
— у-*врач*-ева́ть guérir.

вред,
dommage.

вред-ъ le dommage.
вред-и́ть nuire.
вре́д-ный nuisible.
вред-и́тельный pernicieux.
по-*врежд*-е́ніе l'avarie, la corruption.

времен, время
temps.

времен-и́ть tarder, attendre.
времен-ни́къ la chronique.
времен-но́й provisoire, temporaire.
време́н-ный temporel.
времен-щи́къ le favori.
време́н-ность la fragilité.
по-*вретен*-и́ть patienter.
по-*време́н*-ный périodique.
со-*време́н*-ный contemporain.

вре́мя le temps.

выс,
haut, élevé.

— выс-ь la hauteur.
— выс-о́кій haut.
— выс-ота́ l'élévation.
— выс-о́чество l'altesse.
выш-ина́ l'élévation.
— воз-вы́ш-енный éminent.

вѣ,
souffle, vent.

— вѣ-ять souffler.
— вѣ-теръ le vent.
— вѣ-еръ l'éventail.
— вѣ-треный venteux, étourdi.
— вѣ-трило la voile.
— вѣ-трельникъ la girouette.
— вѣ-ялица le tourbillon de neige.
— вѣ-яло le van.
— вѣ-ятель le vanneur.
— вы-вѣ-йка le vannage.
— по-вѣ-тріе l'épidémie.

вѣд,
savoir, connaître.

— вѣ-сть la nouvelle, le bruit.
— вѣд-ѣніе la connaissance.
— вѣд-ать savoir, administrer.
— вѣд-ецъ le connaisseur.
— вѣд-омость le rapport.
— вѣд-омство le département.
— вѣд-ьма la sorcière.
— из-вѣ-стіе la nouvelle.
— из-вѣ-стный connu, fameux.
— испо-вѣд-аніе la confession.
— не-вѣж-ка l'ignorant.

— по-*вѣ*-сть la nouvelle, le conte.
— по-*вѣд*-аніе la déclaration.
— пред-*вѣ*-стіе le présage.
— раз-*вѣд*-ка l'exploration, la reconnaissance.
— раз-*вѣд*-чикъ l'éclaireur.
— с-*вѣд*-éніе le renseignement.
— со-*вѣ*-сть la conscience.

ВѢК,
siècle, âge, vigueur.

— *вѣк*-ъ le siècle, l'âge, la vie.
— *вѣк*-овáть séjourner.
— *вѣк*-овóй séculaire.
— *вѣк*-о-*вѣч*-ный sempiternel.
— *вѣч*-ный éternel.
— у-*вѣч*-ный estropié.
— у-*вѣч*-ье la mutilation.

ВѢШ,
couronne, mariage.

— *вѣн*-óкъ la couronne, la guirlande.
— *вѣн*-чáться se marier.
— *вѣн*-о la dot, le trousseau.
— *вѣн*-éцъ la noce, la couronne.
— *вѣн*-икъ le balai.
— *вѣн*-чикъ l'auréole, la couronne.
— у-*вѣн*-чáть couronner.

ВѢР,
foi, croyance.

— *вѣр*-а la foi.
— *вѣр*-ить croire.
— *вѣр*-ный fidèle, sûr.
— *вѣр*-оятный vraisemblable.
— *вѣр*-ность la certitude.

— *вѣр*-овать avoir la foi.
— до-*вѣр*-іе le crédit.
до-*вѣр*-енность la confiance.
— по-*вѣр*-ье la croyance.
— по-*вѣр*-ка le contrôle.
с-*вѣр*-ить confronter, collationner.
у-*вѣр*-éніе l'assurance.
— у-*вѣр*-енность la certitude.

ВѢТ,
délibérer.

— *вѣч*-е l'assemblée populaire.
— *вѣч*-ь le beffroi.
— за-*вѣт*-ъ le testament.
— об-*ѣт*-ъ le vœu.
— от-*вѣч*-áть répondre.
— об-*ѣщ*-áть promettre.
— по-*вѣт*-ъ le district.
— при-*вѣт*-ъ le compliment.
— со-*вѣт*-ъ le conseil, l'avis.
— со-*вѣт*-никъ le conseiller.

ВЯЗ, УЗ,
resserrer, rétrécir.

— *вяз*-ь le lien.
— *вяз*-áть lier, tricoter.
— *вяз*-нуть s'embourber.
— *вяз*-áнка le faisceau.
— об-*яз*-áть obliger.
— пере-*вяз*-ь le bandeau, l'écharpe.
под-*вяз*-ка la jarretière.
— под-*вяз*-и l'échafaudage.
при-*вяз*-анность l'attachement.
— раз-*вяз*-ка le dénouement.
с-*вяз*-ень le prisonnier.
с-*вяз*-ка le trousseau, la liasse.

— ýз-кій étroit.
ýз-елъ le nœud.
— ужс-ъ le serpent.
— ýз-ы les liens, les fers.
ýз-нпкъ le prisonnier.
уз-ііна le defilé.

Г.

гад,
serpent, dégoût.

— *гад*-ъ le serpent.
— *гáд*-кій dégoûtant.
— *гáд*-ость la turpitude.
— *гáд*-ить salir.
— *гáд*-ина la vermine.
— *гад*-ю́ка la vipère.

гад, год, жд, жид,
convenance, opportunité, temps.

— *гад*-áть deviner.
— до-*гáд*-ка la précision.
— за-*гáд*-ка l'énigme.
— раз-*гáд*-ка la solution.
— с-*гад*-ъ l'opinion, l'avis.

— *год*-ъ l'année.
— *год*-и́ться convenir.
— *гóд*-ный utile.
— вы́-*год*-а l'avantage.
— не-*год*-я́й le vaurien.
— по-*гóд*-а le temps.
— по-*год*-и́ть patienter.
— при-*гóд*-а l'utilité.
— при-*гóж*-ій joli.
— у-*гóд*-ный agréable.
— у-*гожд*-éніе la complaisance.
— у-*гóд*-а la satisfaction.
— *жд*-ать } attendre.
— о-*жид*-ать }

гар, гор, гр,
brûlant, amer.

гар-ъ l'odeur de brûlé.
за-*гáр*-ъ le hâle.
из-*гар*-ъ le mâchefer,

раз-*гáр*-ъ le plus haut degré de chaleur.
у-*гáр*-ъ la vapeur de charbon.
гор-ѣть brûler.
гор-я́чка la fièvre.
гор-нъ le fourneau.
гóр-е le chagrin.
гор-ѣ́лка l'eau-de-vie de grain.
гор-ни́ло le creuset, le fourneau.
гóр-ькій amer.
гóр-ькость l'affliction.
гóр-ечь l'amertume.
гор-чи́ца la moutarde.
о-*гор*-ча́ть affliger.
гр-ѣть chauffer.
гр-ѣлка la bassinoire.

ГВОЗД,
clou.

гвозд-ь le clou.
гвозд-óчникъ le cloutier.
гвозд-и́нка le girofle, l'œillet.
гвозд-и́ть clouer.
за-*гвозд*-ка l'embarras.

ГИБ, ГИ, ГУБ,
courber, plier.

ги́б-кій flexible.
ги́б-кость la souplesse.
в-*ги́б*-ъ le pli.
из-*ги́б*-ъ la sinuosité.
об-*ги́б*-ъ le détour.
пó-*гиб*-ь la courbure.
с-*ги́б*-ъ l'articulation.
не-*ги́б*-кій inflexible.
гнуть courber, ployer.
су-*гу́б*-ый double.

гиб, губ,
perte, ruine.

— *гиб*-нуть périr, se perdre.
— *гиб*-ель la perte, la ruine.
гиб-ельный funeste.
— по-*гиб*-ель la perte, la ruine.

— *губ*-и́ть ruiner, perdre.
— *губ*-и́тель le destructeur.
с-*губ*-и́ть perdre, rendre malheureux.

глав, голов,
tête.

глав-а́ la tête, le chapitre.
гла́в-ный principal, capital.
за-*гла́в*-ie le titre,
за-*гла́в*-ный initial.
с-*гла́в*-ie le chapiteau.
о-*гла́в*-ль la têtière.

голов-а́ la tête.
голов-а́стикъ le têtard.
голов-ня́ le tison, le brandon.
голо́в-щикъ le chantre.
из-*голо́в*-ье le chevet.
у-*голо́в*-ный capital, criminel.

глад,
lisse, poli.

гла́д-ить lisser, polir.
гла́д-кій poli.
глад-ь l'endroit uni.
глад-и́ло le lissoir.
гла́д-кость le poli, le coulant.
гла́ж-еніе le polissage.
глад-ильщикъ le polisseur.

глад, голод,
faim.

- *глад*-ъ la faim, la famine.
- *глáд*-ный affamé, pauvre.
- *гóлод*-ъ la faim, la famine.
- *гóлод*-ный affamé, stérile.
- *голод*-и́ть affamer,
- *голод*-а́ть avoir faim, jeûner.

глаз,
œil.

- *глаз*-ъ l'œil.
- *глаз*-óкъ le chaton, le bouton.
- *глаз*-у́нъ le badaud.
- *глаз*-ѣть flâner.
- *глаз*-нóй oculaire.
- на-*глáз*-никъ l'œillère.
- с-*глаз*-ъ le sort.
- с-*глáз*-ить jeter un sort.

глас, голос,
voix.

- *глас*-ъ la voix.
- *глáс*-ный public, notoire.
- вз-*глас*-и́ть publier.
- воз-*глáс*-ъ l'exclamation.
- о-*глас*-и́ть retentir.
- о-*глáс*-ка l'éclat, la publicité.
- при-*глас*-и́ть inviter.
- со-*глáс*-іе l'harmonie.
- *глаш*-а́ть appeler, sommer.
- *глаш*-а́тый le crieur public.

- *гóлос*-ъ la voix.
- *голос*-овóй vocal.
- от-*голóс*-окъ l'écho.

глох, глух,
sourd.

— *глох*-нуть rendre sourd.
— за-*глох*-нуть être étouffé, dépérir.
— за-*глох*-лый étouffé.
— о-*глох*-лый devenu sourd.

— *глух*-ой sourd.
— *глух*-отá la surdité.
— *глуш*-ить assourdir.
— *глуш*-ь l'épaisseur.
— *глух*-някъ la forêt épaisse.
— *глух*-áрка la sourdine.
— *глух*-áрь le coq de bruyère.
— за-*глуш*-ить couvrir, étouffer.
— за-*глу́ш*-ье l'endroit mort.

глуб,
profondeur.

— *глуб*-о́кій profond.
— *глуб*-ина́ la profondeur.
— *глуб*-ь le fond.
— *глу́б*-никъ le vent de Nord-Ouest.

глуп,
sottise, stupidité.

— *глу́п*-ость la sottise.
— *глу́п*-ый stupide.
— *глуп*-е́цъ le sot, l'imbécile.
— *глуп*-ѣть devenir stupide.
— *глуп*-ы́шъ le pétrel.

глядъ,
regarder.

— *гляд*-ѣть regarder, surveiller.
вз-*гляд*-ъ le regard.
за-*гляд*-ѣнie la chose admirable.

о-*гляд*-ка la méprise.
под-*гляд*-чикъ l'espion.
при-*гляд*-ка la surveillance.
со-*гляд*-атай l'émissaire.

ГН, ГОН,
chasser, pousser.

- *гн*-ать chasser, pousser.
- из-*гн*-аніе l'exil.
- из-*гн*-áнникъ l'exilé, le proscrit.

- *гон*-ять chasser, pousser.
- *гон*-éніе la persécution.
- *гóн*-ка la chasse.
- *гон*-ьбá le galop.
- *гон*-éцъ le courrier.
- *гóн*-чій (chien) courant.
- до-*гóн*-ъ la poursuite.
- воз-*гóн*-ъ la volatilisation.
- на *гон*-яй la réprimande.
- от-*гóн*-щикъ le ravisseur.
- по-*гон*-ялка le fouet.
- про-*гóн*-ъ le flottage.

ГНИ, ГНОЙ,
pourriture.

- *гни*-ть pourrir.
- *гни*-лóй pourri, corrompu.
- *гни*-лýха le bois pourri.
- *гни*-ль le pourri.

- *гной* le pus.
- *гно*-éвица la lèpre.
- *гно*-éніе la suppuration.
- *гно*-ючка le pustule.

ГНѢВ,
colère.

- *гнѣв*-ъ la colère.

— гнѣв-ать irriter.
— гнѣв-ли́вый irascible.

говор,
parole.

— говор-и́ть parler.
— говор-ня́ le bavardage.
— говор-у́нъ le bavard.
— до-гово́р-ъ la convention, le traité.
— за-гово́р-ъ le complot.
— на-гово́р-ка la calomnie.
— о-гово́р-ъ la dénonciation.
— по-гово́р-ка le dicton, le bruit.
— под-гово́р-ъ l'insinuation.
— при-гово́р-ъ l'arrêt.
— раз-гово́р-ъ la conversation.
— с-гово́р-ъ les fiançailles.

гол,
nu, chauve.

гол-е́цъ le rocher nu.
— гол-изня́ la nudité.
— гол-и́ть raser, tondre.
— го́л-ый nu, chauve, pauvre.
— гол-ы́шъ le caillou, le gueux.
— гол-ь la nudité, la misère.
— гол-ѣ́ть devenir chauve, pauvre.
на-гол-о́ à nu.

голуб,
pigeon, bleu.

го́луб-ь le pigeon.
— голуб-о́й bleu.
— голуб-я́тня le colombier.
— голуб-е́цъ la couleur bleue.
— голуб-я́тникъ le pigeonnier.
— голуб-ки́ la campanule.

гор,
montagne, hauteur.

гор-á la montagne.
гóр-ница la chambre.
гор-и́стый montagneux.
гóр-ка le monticule.
гóр-ничная la femme de chambre.
гóр-ний céleste, élevé.
гóр-ный montagneux.
вз-гóр-окъ la colline.
у-гóр-окъ le monticule.

горб,
bossu.

гóрб-ить courber.
горб-у́нъ le bossu.
горб-а́тый bossu.
горб-ъ la bosse.
горб-у́ша la faucille.
горб-у́шка le croûton.
горб-и́на la bosse.

горд,
orgueil.

гóрд-ый orgueilleux.
гóрд-ость l'orgueil.
горд-éцъ l'orgueilleux.
горд-ы́ня l'arrogance.
горд-ѣ́ть s'enorgueillir.

горл, жер,
gorge, gosier.

гóрл-о la gorge, le gosier, le goulot.
горл-а́нить brailler, crier.
горл-а́нъ le braillard.
горл-ёнокъ le tourtereau.

горл-нкъ la tourterelle.
горл-овúна l'orifice.
горл-янка la calebasse.

о-*жер*-élье collier.

город, градъ,
clôture, ville.

гóрод-ъ la ville.
город-овóй l'agent de police.
город-úть enclore.
город-ничíй le maire.
город-ьбá la cloison.
горож-áникъ le citadin.
из-*горóд*-а la haie.
о-*гóрод*-ъ le potager.
прú-*город*-ъ le faubourg.

гражд-анúнъ le citoyen.
гражд-áнскій civique.
гражд-áнство la bourgeoisie.
о-*грáд*-а l'enceinte.
пре-*грáд*-а la barrière.

господ,
seigneur.

Госпóд-ь le Seigneur.
господ-úнъ le monsieur.
госпож-á la dame.
госпóд-ство la domination.
госпóд-ень du seigneur.
госпóд-чикъ le petit-maître.

гост,
hôte, visite.

гост-ь l'hôte.
гост-инница l'hôtel.
гост-иная le salon.
гост-инецъ le cadeau.

— *гост*-и́ть être en visite,
— *гост*-ьба́ le séjour en visite,
— по-*го́ст*-ъ le cimetière.
— у-*гощ*-а́тель l'amphitryon.
— у-*гощ*-е́ніе le régal.

готов,
préparer.

— *гото́в*-ить préparer.
— *гото́в*-ый prêt.
— *гото́в*-а́льня l'étui.
— за-*гото́в*-ка l'approvisionnement.
— под-*гото́в*-ка le préparatif.

гран,
coin, facette, limite.

— *гран*-ь la facette, la limite.
— *гран*-ови́тый à facettes.
— *гран*-и́льщикъ le lapidaire.
— *гран*-и́ть tailler à facettes.
— *гран*-и́ца la frontière.
— *гран*-и́чить confiner.
— *гран*-и́чный de frontière.
— за-*гран*-и́чный étranger.
— о-*гран*-иче́ніе la restriction.
— по-*гран*-и́чный limitrophe.

греб,
râcler, peigner, ramer.

гре-сти́ ramer. —
греб-ень le peigne. —
греб-ло́ la rame. —
греб-е́цъ le rameur. —
греб-но́й à rames. —
греб-о́къ le rabot. —
греб-ёнка le démêloir. —

греб-éнщикъ le fabricant de peignes.
гребля la digue.
за-греб-нóй le brigadier de bateau.

грем, гром,
tonnerre.

— грем-ѣть tonner.
— грем-учій bruyant.
— грем-ушка le hochet.

— гром-ъ le tonnerre.
— гром-кій éclatant, bruyant.
— гром-ить foudroyer.
о-гром-ный colossal,
— по-гром-ъ la dévastation, la débâcle.

гроз,
menace, terreur.

— гроз-á la menace, la tempête.
— гроз-ный terrible.
— гроз-ить menacer.
— гроз-ность la terreur.
— гроз-овой orageux.
— у-гроз-а la menace.

груб,
grossièreté.

— груб-ѣть s'endurcir.
— груб-ить rudoyer.
— груб-ый grossier.
— груб-іянъ le rustre.
— груб-іянить brutaliser.

груд,
sein, poitrine.

— *груд*-ь la poitrine, le sein.
— *груд*-и́на la poitrine.
— *груд*-но́й pectoral.
— на-*гру́д*-никъ le plastron.
— по́-*груд*-ь le buste.

груз, гряз,
charger, enfoncer, boue.

— *груз*-и́ть charger.
— *гру́з*-кій lourd.
— *груз*-ъ le poids, la cargaison.
— *груз*-и́ло la sonde.
— *гру́з*-ный chargé, ivre.
— *гру́з*-нуть couler à fond.
— *груз*-ово́е le droit de tonnage.
— вы́-*груз*-ка le débarquement.
— на-*гру́з*-ка le fret.

— *гряз*-ь la boue.
— *гря́з*-нуть s'embourber.
— *гря́з*-ный boueux.
— *гря́з*-нить crotter.

груст,
chagrin.

— *груст*-ь la tristesse.
— *гру́ст*-ный triste.
— *груст*-и́ть s'affliger.
— *груст*-ли́вый enclin à la tristesse.

грыз,
ronger.

— *грыз*-ть ronger.
— *грыз*-у́нъ le rongeur.

— грыз-ъ la colique.
— о-*грыз*-а l'homme hargneux.
— у-*грыз*-éніе la morsure.

грѣх,
péché.

— *грѣх*-ъ le péché, le malheur.
— *грѣш*-ить pécher.
— *грѣш*-ный coupable.
— *грѣш*-никъ le pécheur.
— *грѣш*-óкъ la peccadille.
— со-*грѣш*-éніе l'erreur.

гул,
promenade, divertissement.

— *гул*-ять se promener, se divertir
— *гул*-ьбище la promenade.
— *гул*-янка le loisir.
— *гул*-ьбá l'oisiveté.
— *гул*-ьнóй férié.
— *гул*-ьнýть faire bombance.
— *гул*-яка le fainéant.
— *гул*-яльщикъ le promeneur.
— из-*гýл*-ъ le libertinage.
— от-*гýл*-ъ l'absence.
— про-*гýл*-ъ le chômage.
— про-*гýл*-ка la promenade.

густ,
épaisseur.

— *густ*-óй épais, touffu.
— *густ*-ить épaissir.
— *густ*-отá l'épaisseur.
— *густ*-ыня la forêt épaisse.
— *гýщ*-а le marc, la lie.
— с-*густ*-итель le condensateur.

Д.

да,
donner.

- *да*-ть, *да*-вáть donner.
- *дá*-ча le maison de campagne.
- *да*-ръ le don.
- *да*-нь la contribution.
- *дá*-нникъ le vassal.
- *да*-ровóй gratuit.
- *дá*-тель le donateur.
- *да*-янie la donation.
- вы-*да*-ча le paiement.
- за-*дá*-ча le problème.
- за-*да*-рíть corrompre.
- за-*дá*-токъ les arrhes.
- из-*дá*-нie l'édition.
- над-*дá*-ча l'enchère.
- по-*да*-рéнье le présent.
- по-*дá*-тель le porteur.
- пре-*дá*-нie la tradition, la trahison.
- прé-*да*-нность le dévouement.
- пре-*дá*-тель le traître.
- про-*дá*-ть vendre.
- про-*дá*-жа la vente.
- под-*дá*-нный le sujet.
- при-*дá*-ное la dot.
- с-*дá*-ча le reste, l'appoint.
- у-*дá*-ча la réussite.

дав,
presser, étouffer.

- *дав*-ило le poids (pour presser).
- *дав*-ильня le pressoir.
- *дав*-ить presser, étouffer.
- *дáв*-ка la foule.
- за-*дав*-ить écraser.
- по-*дав*-ить étouffer.

⌐ у-*да́в*-ка le nœud coulant.
— у-*дав*-ле́ніе la strangulation.
— у-*да́в*-ъ le boa.

да́ль, до́ль,
éloignement, distance, longueur.

— *да́ль*-ный lointain.
— *дал*-ёко loin.
— *даль* l'éloignement.
— *дал*-и́ть éloigner.
— *да́ль*-ность la distance.
— у-*дал*-е́цъ le preux.
— у́-*даль* l'audace.

дол,
vallée.

дол-ина́ la vallée.
доль la longueur.
по-*до́ль*-никъ la bordure.
у-*до́л*-іе la vallée.

дв,
deux.

— *дв*-а deux.
— *дв*-о́йни les jumeaux.
— *дв*-о́йка̀ la paire, le deux.
— *дв*-о́йникъ le sosie.
— *дв*-ойно́й double.
— *дв*-ои́ть doubler.
— *дв*-ойца la paire, le couple.
— *дв*-оякій à double sens.
— раз-*дв*-ое́ніе la bifurcation.
— с-*дв*-ои́ть doubler.

двер, двор,
porte, cour.

— *двер*-ь la porte.
— *две́р*-никъ le portier.

— *двер*-цы la portière (de voiture).
— пред-*двер*-іе le vestibule.

— *двор*-ъ la cour.
— *двóр*-никъ le portier.
— *двóр*-ня la valetaille.
— *двор*-éцъ le palais.
— при-*двóр*-ный de la Cour.
— *двор*-янинъ le courtisan, le noble.
— *двор*-éцкій le majordome.
— *двор*-янскій noble.
— *двор*-янство la noblesse.
— *двор*-янчикъ le hobereau.
— *двор*-няга le chien de basse-cour.
— по-*двóр*-ье l'auberge.

ДВИГ, ДВИЗ,
mouvement, effort.

— *двиг*-ать mouvoir.
  движ-éніе le mouvement.
— *двиг*-атель le moteur.
  за-*движ*-ка l'espagnolette.
  пó-*двиг*-ъ l'exploit.
  раз-*движ*-ка la séparation.

  воз-*двиз*-áться s'exercer à la lutte.
— по-*двиз*-áніе l'érection.
  по-*движ*-никъ l'athlète.
  по-*двиз*-áлище la palestre.

ДЕН, ДН,
jour.

— *ден*-ь le jour.
— *ден*-ница l'aurore.
— *ден*-нóй de jour.
— *ден*-ьщикъ le planton.
— по-*дён*-ка l'éphémère.
— по-*дён*-никъ le journal.
— по-*дён*-ный journalier.

— по-*дён*-ьщикъ le journalier.
— *дн*-евáльный l'employé de service.
— *дн*-евáть être de service, de jour.
— *дн*-ёвка le jour de repos.
— *дн*-евникъ le journal.
— *дн*-евнóй diurne.

дерг, tirer.

— *дёр*-гать arracher, tirer.
— *дер*-гóта le spasme.
— *дер*-гáчъ le râle de genêt.
— *дёр*-ганье le tiraillement.
— сý-*дорог*-а la crampe.

дар, дер, дир, дор, др, arracher, déchirer.

у-*дáр*-ъ le coup.
дер-у j'arrache.
дир-úть percer.
дир-á le trou.
за-*дúр*-ка la provocation.
при-*дúр*-ка la chicane.

вз-*дор*-ъ la querelle, les fadaises.
вз-*дóр*-ить quereller.
за-*дóр*-ина l'éraflure, la hachure.
за-*дóр*-ить agacer, irriter.
за-*дóр*-ъ la rivalité, la colère.

др-ать déchirer, arracher.
др-áло la fuite.
др-ань le papier déchiré.

дерев, древ, дров, bois, arbre.

— *дéрев*-о l'arbre.
— *дерев*-янный de bois.
— *дерéв*-ня le village.

— *дерев*-цо l'arbuste.
— *дерев*-éнскій villageois.
— *дерев*-éнщина le rustre.
— *дерев*-яшка la jambe de bois.

— *древ*-о l'arbre.
— *древ*-іе le bois.
— *древ*-ко la hampe.

— *дров*-á le bois de chauffage.
— *дров*-яникъ le marchand de bois.
— *дрóв*-ни traîneau.

держ,
tenir.

— *держ*-áть tenir.
— *держ*-áва la puissance.
— *держ*-áлка l'anse.
— *держ*-áлень la balustrade.
— *держ*-áвный souverain.
— *дéрж*-ка le colombier.
— воз-*держ*-áніе la tempérance.
— за-*держ*-áніе la détention.
— за-*дéрж*-ка le délai.
— из-*дéрж*-ка la dépense.
— о-*держ*-имый possédé, atteint.
— пере-*держ*-áтель le receleur.
— с-*дéрж*-анный retenu, discret.
— со-*держ*-áтель l'entrepreneur.
— у-*держ*-áніе le maintien.

ди, дой, дѣ,
traire, téter.

— *ди*-тя l'enfant.
— *дой*-ть traire.
— *дóй*-ня la laiterie.
— *дой*-никъ le baquet.
— по-*дóй*-никъ le seau à traire.

- дѣ-тская la chambre des enfants.
- дѣ-тство l'enfance.
- дѣ-тскій enfantin.

ДИВ,
merveille, étonnement.

- див-и́ть étonner.
- ди́в-о le miracle.
- ди́в-ный merveilleux.
- ди́в-ность le merveilleux.
- у-див-ле́ніе l'étonnement.
- у-див-ля́ть étonner.
- у-див-и́тельная le point d'exclamation.

ДИК,
sauvage.

- дик-а́рь le sauvage.
- ди́к-ій sauvage.
- дич-ь le gibier.
- дич-и́на la venaison.
- дич-и́ться fuir.
- дич-а́ть devenir sauvage.
- дич-о́къ le sauvageon.
- дик-о́вина le prodige.
- ди́к-ость la sauvagerie.
- о-дич-а́лость l'humeur sauvage.

ДЛИ,
long.

- дли-на́ longueur.
- дли́-нный long.
- дли-ть tarder.

ДН, ДОН,
fond.

- до́н-це le fond.
- по-до́н-ки la lie.

без-*дон*-ный sans fond.
— *дн*-о le fond.
— *дн*-ище le fond (d'une barque).
— без-*дн*-á l'abîme.

доб, добр,
convenance, opportunité, bonté.

— *доб*-ный nécessaire.
— *доб*-лесть la vaillance.
— неу-*доб*-ство l'inconvénient.
— по-*доб*-ie la ressemblance.
— по-*доб*-ный semblable.
— на-*доб*-ный utile, nécessaire.
— с-*доб*-а l'assaisonnement.
— у-*доб*-ный commode, facile.

— *добр*-ый bon.
— *добр*-якъ le bonhomme.
— о-*добр*-éнie l'approbation.
— с-*добр*-ить apaiser.
— у-*добр*-ить fumer, engraisser.

долг,
devoir, dette.

долг-ъ la dette, le devoir.
долж-ный obligé.
долж-ность l'obligation.
долж-никъ le débiteur.
долж-áть s'endetter.
долж-ностнóй qui est en fonctions.
за-*долж*-áлый endetté.
о-*долж*-éнie le prêt, le service.

долг,
longueur.

долг-iй long.

— *долг*-отá la longitude.
— *длж*-икъ la courroie, la lanière.
— *длж*-ея l'entaille, la rainure.
— про-*долж*-áть continuer.

ДОМ,
maison.

дом-ъ la maison.
дом-овище le cercueil.
дом-áшный domestique.
дóм-на le haut-fourneau.
дом-óвникъ la personne sédentaire.
дом-овóй le lutin, l'esprit familier.
дом-óвый de la maison.

дорог,
route, chemin.

— *дорóг*-а la route, le voyage.
— *дорóж*-ка le sentier, la rainure.
дорóж-никъ l'itinéraire.
дорóж-ный de voyage.
дорóж-чатый rayé, strié.
по-*дорóж*-ная le passeport de poste.

драг, дорог,
précieux, cher.

— *дорог*-óй cher, précieux.
— *дорож*-ить faire cas de.
— *дорож*-áть enchérir.
— *дорог*-овизна la cherté.
— *дрáг*-ій cher, précieux.

ДОХ, ДУХ, ДХ, ДЫХ,
esprit, souffle.

— *дóх*-нуть crever.

— *дох*-лёцъ l'animal mort.
— *дóх*-лый mort, crevé.
— вз-*дох*-ъ le soupir.
— в-*дох*-новéніе l'inspiration.
— вы́-*дох*-лый évaporé, éventé.
— за-*дóх*-лый étouffé, crevé.
— *дух*-ъ l'esprit, l'haleine.
— *душ*-á l'âme.
— *душ*-и́ть étouffer.
— *дух*-óвный spirituel, ecclésiastique.
— *дух*-отá l'exhalaison.
   дух-и́ les parfums.
— *дух*-óвная le testament.
— *дух*-óвникъ le confesseur.
— *душ*-éвный cordial, sincère.
— *душ*-ёкъ le caprice.
   душ-и́ца l'origan.
— *душ*-ни́къ la bouche de chaleur.
— вóз-*дух*-ъ l'air.
— у-*душ*-ье l'asthme.
— зá-*дх*-лость l'odeur de renfermé.
— *дых*-áть respirer, souffler.
— *дых*-ало l'évent, la trachée-artère.
— *дых*-áніе l'haleine, la créature.
— *дых*-лéцъ l'asthmatique.
— *дыш*-áніе la respiration.
— в-*дых*-áніе l'aspiration.
— вз-*дых*-áтель le soupirant.
   о-*дыш*-ка l'asthme.
— от-*дых*-ъ le repos.

дрем,
sommeil léger.

дрем-áть sommeiller.
дрем-ли́вость la somnolence.
дрéм-ликъ l'orchis.

— *дрем-*о́та l'assoupissement.
— *дрем-*у́чій épais.
— не-*дрём-*ленный vigilant.

дрог,
trembler.

— *дрож-*а́ть trembler, vibrer.
— *дрож-*ь le frisson.
— со-*дрог-*а́ніе le frémissement.
— со-*дрог-*а́ться frissonner.
— за-*дрож-*а́ть se mettre à trembler.

друг,
amitié.

— *друг-*ъ l'ami.
— *друж-*ба l'amitié.
— *друж-*и́на la troupe, la milice.
— *друж-*и́ть se lier d'amitié.
— *друж-*ный amical.
— *друж-*ка le garçon d'honneur.
— не́-*друг-*ъ l'ennemi.
— не-*друж-*ба la haine.
— по-*друг-*а la compagne.

ду,
souffler.

*ду́-*ло la bouche (d'un canon).
— *ду́-*льце l'embouchure.
*ду-*ть souffler.
*ду-*да́ le chalumeau.
— *ду́-*льщикъ le chauffeur.
— *ду-*ва́нъ le butin, l'évent.
— *ду́-*тышъ le boudeur.
— на-*ду́-*тость l'emphase.

дуб,
chêne.

*дуб-*ъ le chêne.

дуб-йть tanner.
дуб-úна le gourdin.
дýб-ень l'écorce de chêne.
дуб-éцъ la verge.
дýб-ка le tannage.
дуб-някъ la forêt de chênes.
дуб-янка la noix de galle.
дуб-рóвникъ la germandrée.
дуб-рáва la forêt de chênes.

ДУМ,
pensée.

— *дýм*-ать penser.
— *дýм*-а l'assemblée.
— *дýм*-ный de conseil.
— вы-*дýм*-ка le faux bruit.
— за-*дýм*-чивость la mélancolie.
— раз-*дýм*-чивый irrésolu.
— при-*дýм*-ать imaginer.

ДУР,
sottise, laideur, méchanceté, folie.

дур-нóй laid, mauvais.
дур-нотá la laideur, le vertige.
дур-áкъ le fou, l'idiot.
дур-ь la folie, le caprice.
дур-ѣть perdre, l'esprit.
дур-нѣть enlaidir.
дýр-а la folle.
дур-áченье la mystification.
дур-úть faire des sottises.
дýр-ень l'imbécile.

ДЫМ,
fumée.

— *дым*-ъ la fumée.

— *дым*-ить enfumer.
— *дым*-ка le crêpe, la gaze.
— *дым*-никъ le tuyau de fumée.
— *дым*-чатый couleur de fumée.
— *дым*-ный plein de fumée.
— *дым*-янка le fumeterre.

ДѢ,
faire, mettre.

— *дѣ*-лать faire.
— *дѣ*-ло l'affaire, œuvre.
— *дѣ*-йство l'action.
— *дѣ*-йствовать agir.
— *дѣ*-льность la convenance.
— *дѣ*-лецъ l'homme de loi.
— *дѣ*-льный capable.
— *дѣ*-ятель l'acteur.
— *дѣ*-яться se passer.
— *дѣ*-йствительность la réalité.
— *дѣ*-лишко la bagatelle.
— без-*дѣ*-лье l'oisiveté.
— воз-*дѣ*-лыватель le laboureur.
— за-*дѣ*-лье la corvée.
— не-*дѣ*-ля la semaine.
— о-*дѣ*-яло la couverture.
— о-*дѣ*-яніе le vêtement.
— пере-*дѣ*-лка la conversion.
— под-*дѣ*-лка la contrefaçon.
— при-*дѣ*-лъ la chapelle, l'autel.
— про-*дѣ*-лка l'ouverture, la ruse.
— со-*дѣ*-йство le concours.
— со-*дѣ*-тель l'auteur.

ДѢВ,
virginité.

— *дѣв*-а la vierge, la jeune fille.
— *дѣв*-ица la demoiselle.

— *дѣв*-ство la virginité.
— *дѣв*-ичій virginal.
— *дѣв*-очникъ le galant.
— *дѣв*-ствовать rester fille.
— *дѣв*-ка la fille, la servante.

дѣл,
part.

— *дѣ*-лёжъ le partage.
— *дѣ*-лимый divisible.
— *дѣ*-лить partager.
— по-*дѣ*-лъ le lot, la portion.
— не-*дѣ*-лимое l'individu.
— от-*дѣ*-лъ la division, la section.
— раз-*дѣ*-лъ le partage.
— у-*дѣ*-лъ l'apanage.

E.

ем, им, я,
avoir, posséder.

ём-кій d'une grande capacité.
вы-*ем*-щикъ l'huissier.
за-*ём*-ъ l'emprunt.
на-*ём*-ъ le loyer.
на-*ём*-никъ le mercenaire.
на-*ём*-щикъ le locataire.
подъ-*ём*-ъ le levier.
по-*ём*-ъ le débordement.
прі-*ём*-ъ l'accueil.
прі-*ём*-никъ le récipient.
прі-*ём*-ышъ l'enfant adoptif.
у-*ём*-истый spacieux.

им-ѣть avoir.
им-ѣніе le bien, la propriété.
им-ущество la fortune.
вн-*им*-áніе l'attention.
по-*им*-áніе la saisie.
прі-*им*-чивый accueillant.
прин-*им*-áть accueillir, recevoir.
подн-*им*-áть soulever.

вз-*я*-ть prendre.
вз-*я*-тка la concussion.
зан-*я*-ть occuper.
объ-*я*-тіе l'embrassement.
пон-*я*-тіе l'idée.
пон-*я*-ть comprendre.
прин-*я*-тіе la réception, l'accueil.

Ж.

жа, жим, жм,
presser.

— *жа*-ть presser.
— по-*жá*-ть serrer, hausser.
— с-*жá*-тіе le serrement.
— с-*жá*-тый concis, serré.

— вы-*жим*-ки le marc.
— у-*жим*-ка la grimace.
— при-*жим*-ка la vexation.

— *жм*-ячóкъ la pelote de neige.
— *жем*-ъ la presse.

жа, жин, жн,
moisson.

— *жа*-ть moissonner.
— *жá*-тва la moisson.
— с-*жá*-тіе la moisson.

— при-*жин*-ъ la moisson.
— у-*жин*-ъ la levée.

— *жн*-ецъ le moissonneur.
— *жн*-иво le chaume.
— *жн*-итвá la récolte.

жад,
soif, avidité.

жажд-а la soif.
— *жад*-ный avide.
жажд-ать avoir soif.
жажд-ный altéré.
жад-ность l'avidité.
жад-ничанье la cupidité.
воз-*жажд*-ать convoiter.

жал,
pitié, plainte.

жал-ь la pitié.
жа́л-кій pitoyable.
жал-ѣть regretter, plaindre.
жа́л-оба le grief, la plainte.
жа́л-обный plaintif.
жа́л-общикъ le plaignant.
с-*жа́л*-иться avoir pitié.
со-*жал*-ѣніе le regret, la compassion.

жал,
gratification.

жа́л-овать gratifier.
жа́л-ованіе la gratification.
жа́л-ованье le traitement, la solde.

жар,
chaleur.

жар-а́ la chaleur.
жар-ъ le feu, l'ardeur.
жа́р-ить brûler.
жар-о́вникъ le foyer.
жа́р-кій chaud, brûlant.
жа́р-кое la rôti.
жа́р-ница le fourneau.
по-*жа́р*-ъ l'incendie.
по-*жа́р*-ный le pompier.

жг, жег, жиг, жог,
brûler.

жг-учій brûlant, caustique.
жг-унъ le piment.
жжо-ёнка le brûlot.

— *жс-чь* brûler.
жсг-áнпца la fièvre chaude.

жиг-унéцъ le pyrèthre.
— *жиг-áло* le fer à percer.
жиг-ýчка la clématite.
в-*жиг-áтель* l'allumeur.
за-*жиг-а* l'instigateur.
за-*жиг-áтель* l'incendiaire.
при-*жиг-áнie* la cautérisation.

— об-*жóг-а* la brûlure.
под-*жóг-а* les copeaux.

ЖД, ЖИД,
attendre.

— *жд-ать* attendre.
— надé-*жд-а* l'espérance.
— не-*жд-áнный* inattendu.
— надé-*ж-ный* sûr, certain.
— о-*жид-áть* attendre.
— на-*жид-áть* laisser venir.

жел,
désir, souhait.

жел-áть désirer, souhaiter.
жел-áнie le désir, le souhait.
жел-áнный bien venu.
воз-*жел-áнie* la concupiscence.

желт,
jaune.

желт-изнá la couleur jaune.
желт-ить jaunir.
жёлт-никъ le sumac.
желт-óкъ le jaune d'œuf.

желт-у́ха la jaunisse.
жёлт-ый jaune.
желт-я́къ le safran.
жёлч-ь la bile, le fiel.

желѣз,
fer.

желѣз-о le fer.
желѣз-ный de fer.
желѣз-някъ le minerai de fer.
желѣз-ина le mâchefer.
желѣз-никъ le faux acacia.
желѣз-ница l'alose.

жен,
femme.

жен-а́ la femme mariée.
жён-скій féminin.
жен-и́тьба le mariage.
жен-и́ть marier.
жен-и́хъ le marié, le fiancé.
жен-а́тый marié.
жён-щина la femme.
без-*жён*-ство le célibat, le veuvage.

жер, жор, жр,
dévorer.

жер-ло́ la bouche.
жо́р-а le glouton.
об-*жо́р*-ливый vorace.
жр-ать dévorer.
жр-аньё la voracité.

жерт, жрец,
sacrifice.

же́рт-ва la victime, le sacrifice.

— 63 —

— *жертъ*-вовать sacrifier.
— *жертъ*-вище le temple.
жертъ-венникъ l'autel.
жертъ-вователь le sacrificateur.

— *жрецъ*-ъ le prêtre.
жреч-ество le sacerdoce.

жест,
dureté, cruauté.

— *жест*-ить durcir.
— *жест*-ѣть s'endurcir.
— *жёст*-кій dur, coriace.
— *жест*-окій cruel.
— *жест*-очить rendre cruel.
— о-*жест*-оченіе l'acharnement.

— жи,
vie.

— *жи*-ть vivre.
— *жи*-знь la vie.
— *жи*-лище la demeure.
— *жи*-вой vivant.
— *жи*-тьё l'existence.
— *жи*-льё l'étage.
— *жи*-тель l'habitant.
— *жи*-вотъ le ventre.
— *жи*-лецъ le locataire.
— *жи*-вотное l'animal.
— *жи*-вчикъ le pouls.
— *жи*-вность la volaille, les vivres.
— *жи*-вотина le bétail.
— *жи*-вить animer.
— *жи*-лой habitable.
— *жи*-вучій viable.
— *жи*-тейскій mondain.
— за-*жи*-влять cicatriser.
— на-*жи*-ва le gain, l'appât.

— о-*жи*-витель le sauveur.
— под-*жи*-вотье le bas-ventre.
— по-*жи*-лое le loyer.
— по-*жи*-лой âgé.
— по-*жи*-тки les biens.
— при-*жи*-ватель le parasite.
— со-*жи*-тель l'époux.
— у-*жи*-вчивый sociable.

ЖИД,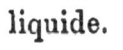
liquide.

— *жид*-кій liquide, fluide.
— *жид*-ить liquéfier, raréfier.
— *жид*-ѣть se liquéfier.
— *жиж*-а le jus.
— раз-*жид*-ѣть devenir fluide.
— раз-*жиж*-ать rendre liquide.

3.

забо́т,
souci.

— забо́т-а le souci.
— забо́т- ить inquiéter.
— забо́т-ливый soigneux.
— забо́т-ный pénible.
— о-забо́ч-ение l'embarras.
— о-забо́т-ить préoccuper.

зад,
derrière.

— зад-ъ le derrière.
— зад-ній postérieur.
— зад-о́къ le dossier.
— зад-ки le train de derrière.
— зад-няя le dos.
— на-зад-ъ en arrière.

зар, зер, зир, зор, зр,
voir.

— зар-я́ la rougeur du ciel.
— зар-ница l'éclair de chaleur.
— за́р-кій envieux.
— о-зар-е́ніе l'illumination.
— при-за́р-ить faire honte.

— зе́р-кало le miroir.
— зе́р-кальный cristallin.
— со-зер-ца́ніе la contemplation.

— над-зир-а́тель l'inspecteur.
— при-зир-а́тель le protecteur.
— пре-зир-а́ть mépriser.

— зо́р-кій qui a la vue perçante.
— в-зор-ъ le regard.
— до-зо́р-ъ la patrouille.

— до-зр-щикъ le douanier.
— о-зр-ный insolent.
— по-зр-ъ l'opprobre.
— по-зр-ище le spectacle.
— у-зр-ъ le modèle, le dessin.

— зр-ѣть voir.
— зр-акъ le visage, l'image.
— зр-ѣлище le spectacle.
— зр-итель le spectateur.
— зр-ачёкъ la prunelle (de l'œil).
— за-зр-ѣніе le reproche.
— про-зр-ачный diaphane.
— обо-зр-ѣніе la revue.
— пре-зр-ѣніе le mépris.
— при-зр-акъ l'apparition, le fantôme.

ЗВ, ЗОВ, ЗЫВ, appeler, nommer.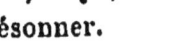

— зв-ать appeler, nommer.
— зв-аніе la profession.
— зв-аный invité.
— при-зв-аніе la vocation.
— про-зв-ище le surnom.

— зов-ъ l'appel.

— вы-зыв-ъ le rappel, le défi.
— за-зыв-ъ l'invitation.
— от-зыв-ный retentissant.
— при-зыв-аніе l'invocation.

ЗВЕН, ЗВОН, ЗВУК, ЗВЯК, résonner.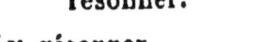

— звен-ѣть résonner.
— звен-о le chaînon.

— звон-ъ le son.
— звон-кій sonore.
— звон-арь le sonneur.

5*

— *звон*-ить tinter, sonner.
— по-*звон*-о́къ la vertèbre.
— по-*звон*-о́чникъ l'épine dorsale.

— *звук*-ъ le son.
— *звуч*-а́ть résonner.
— *звуч*-ный bruyant.
— о́т-*звук*-ъ l'écho.
— со-*звуч*-іе la rime.

— *звяк*-ать résonner.
— *звяк*-и les balivernes.

ЗВѢЗД,
étoile.

— *звѣзд*-а́ l'étoile.
— *звѣзд*-ный étoilé.
— *звѣзд*-ча́тка la stellaire.
— со-*звѣзд*-іе la constellation.

ЗВѢР,
bête féroce.

— *звѣр*-ь la bête féroce.
— *звѣр*-скій féroce.
— *звѣр*-ство la brutalité.
— *звѣр*-и́нецъ la ménagerie.
— *звѣр*-и́на la chair de bête sauvage.

ЗД, ЗИД, ЗОД,
construction.

— *зд*-а́ніе l'édifice.
— *зд*-а́тель le fondateur.
— со-*зд*-а́ніе la création, la créature.
— со-*зд*-а́тель le créateur.

— *зижд*-и́тель le créateur, l'auteur.
— на-*зид*-а́ть instruire, édifier.
— на-*зид*-а́тельный édifiant.

— *зód*-чество l'architecture.
— *зód*-чiй l'architecte.

здоров, здрав,
santé.

— *здорóв*-ье la santé.
— *здорóв*-ый sain, bien portant.
— *здорóв*-аться saluer.
— *здорóв*-ость la salubrité.
здоров-ѣть recouvrer la santé.
здоров-якъ l'homme robuste.

— *здрáв*-ый sain.
— по-*здрáв*-ить complimenter.

зелен,
vert.

зелён-ый vert.
зелен-икъ le sureau.
зéлен-ь le vert, les légumes.
зелен-ѣть verdir.
зелен-щикъ le marchand de légumes.

зем,
terre.

зем-ля la terre.
зем-ельный territorial.
зем-листый terreux.
зем-лякъ le compatriote.
зем-лянка la hutte de terre.
зем-ляника la fraise.
зем-нóй terrestre.
зéм-скiй provincial.
зем-скóй le greffier de village.
зéм-ство les états provinciaux.
до-*зéм*-ный profond.
не-*зем*-нóй céleste.

под-зем-élье le souterrain.
по-зем-éльное l'impôt foncier.
по-зём-ный bas.
по-зём-ъ la terre, le fumier.
ту-зéм-ный indigène, natif.

ЗИМ, ЗЯБ, ЗНОБ,
hiver, froid.

зим-á l'hiver.
зим-овáть hiverner.
зим-óвье le séjour d'hiver.
за-зúм-ье les premières gelées.
ó-зим-ь les semailles d'automne.

зяб-нуть se geler.
зяб-кій frileux.
зяб-лый gelé.
зяб-ликъ le pinson.

о-зноб-ъ le frisson.

ЗИ, ЗѢ,
bâiller.

зі́-нуть } être béant.
зі-ять }
зѣ-вáть bâiller.
зѣв-áка le badaud.
зѣв-óкъ le bâillement.
зѣв-ъ la gueule, l'orifice.
за-зѣв-áться s'oublier à regarder.
про-зѣв-áть laisser échapper.

ЗЛ,
méchanceté.

зл-óй méchant, mauvais.
зл-ость la méchanceté.
зл-о le mal.
зл-одѣй le scélérat, le gredin.

зл-ить irriter.
зл-óба la méchanceté.
— зл-óбить irriter.
зл-ю́ка la harpie.
— зл-óстный frauduleux, méchant
— не-зл-óбie la douceur.
о-зл-обле́нie le courroux, le dépit.
по-зл-и́ться se fâcher.

злат, золот, or.

злáт-о l'or. —
злат-ѣть dorer. —
злат-ни́ца la chrysalide.

зóлот-о l'or. —
золот-óй d'or. —
золот-и́ть dorer.
золот-áрь le doreur.
золот-у́ха les écroulles.
зóлот-ень la verge d'or.
золот-ни́къ le zolotnik (mesure de poids).
золоч-énie la dorure.

зна, connaître, savoir.

— зна-ть connaître, savoir.
— зна-къ le signe.
— знá-мя le drapeau.
— знá-чить signifier.
— знá-комство la connaissance.
— знá-менie le phénomène.
— знá-тный distingué.
— знa-тóкъ le connaisseur.
— знa-чёкъ le guidon.
— знa-мени́тый illustre, célèbre.
— знa-ть la connaissance.

—*зна́*-харь le magicien, le sorcier.
— *зна*-чи́тельный important.
— до-*зна́*-ніе l'information.
— на-*зна*-ча́тель le destinataire.
— о-*зна*-менова́ніе la célébration.
— по-*зна́*-ніе la science.
— при́-*зна*-къ l'indice, le symptôme.
— при-*зна́*-ніе l'aveu.
— со-*зна́*-ніе la conscience, l'aveu.

зол,
cendre.

— *зол*-а́ la cendre.
— *зол*-и́ть lessiver.
— *зо́л*-ьный de cendres.
— *зо́л*-ьникъ le cendrier.

зрѣ,
maturité.

— *зрѣ*-лый mûr.
— *зрѣ*-лость la maturité.
— *зрѣ*-ніе la maturation.
— *зрѣ*-ть mûrir.
— пере-*зрѣ*-лый trop mûr.

зубъ,
dent.

— *зу́б*-ъ la dent.
— *зуб*-а́стый querelleur.
— *зуб*-е́цъ le créneau, la dent.
— *зуб*-но́й dentaire.
— *зуб*-ри́ть ébrécher.
— *зуб*-ри́на la brèche.
— *зу́б*-никъ la dentelure.
— на-*зу́б*-окъ la lime triangulaire.
— по-*зу́б*-ри́ть limer les dents.

И.

игл,
aiguille.

игл-а́ l'aiguille, l'épine.
игл-и́вый d'aiguille.
игл-и́ца l'aiguille à filet.
игл-ова́тый épineux.
иго́л-ьникъ l'étui à aiguilles.
иго́л-ьчатый à aiguille.

игр,
jeu.

игр-а́ть jouer.
игр-о́къ le joueur.
игр-а́ le jeu.
игр-и́вый vif, enjoué.
игр-и́стый pétillant.
игр-у́шка le joujou, le jouet.
игр-ище le divertissement.
вы-*игр*-ать gagner.
про́-*игр*-ать perdre.

им (voir ем).

имен, имя,
nom.

имен-но précisément.
имен-ова́ть nommer.
имен-и́ны la fête patronymique.
имен-и́тый notable.

имя le nom.
имя-нно́й nominatif.

иск ou ыск,
chercher.

иск-ъ la poursuite, la plainte.

— *иск*-а́ть chercher.
— *иск*-а́ніе la quête, la recherche.
иск-а́тель le postulant.
— *ищ*-ея́ le limier.
ищ-икъ le demandeur.
вз-*ыск*-анецъ le protégé.
вз-*ыск*-а́ніе la peine, le paiement.
вз-*ыск*-ъ la poursuite.
вы́-*иск*-ъ la recherche.
из-*ыск*-а́ніе la perquisition.
о́б-*ыск*-ъ la perquisition.
по́д-*ыск*-ъ l'espionnage.
прі-*иск*-ъ la mine.
с-*ыск*-ъ la poursuite.
с-*ы́щ*-икъ l'agent de police.

К.

каз,
dire, montrer.

— *каз*-а́ть montrer.
— *каз*-и́стый de bonne mine.
— от-*ка́з*-ъ le refus, la démission.
— от-*ка́з*-ной légué par testament.
— на-*ка́з*-ъ l'ordre, l'instruction.
— на-*каз*-а́ніе le châtiment.
— по-*каз*-а́ть montrer.
— при-*ка́з*-ъ l'ordre.
— с-*каз*-а́ть dire.
— с-*ка́з*-ка le conte, le récit.
— рас-*ка́з*-ъ le récit.
— у-*ка́з*-ъ l'édit.
— у-*каз*-а́тель l'indicateur.

каз,
supplice, châtiment.

— *каз*-ни́ть exécuter, torturer.
— *каз*-ни́тель le bourreau.
— *каз*-нь le supplice.
— про-*ка́з*-а la lèpre.
— про-*ка́з*-никъ l'espiègle.

казн,
trésor, fisc.

— *казн*-а́ le fisc.
— *казн*-аче́й le trésorier.
— *казн*-аче́йство la trésorerie.
— *казн*-аче́йская la caisse.
— *казён*-ный du fisc, de la couronne.

камен,
pierre.

— *ка́мен*-ь la pierre.

— *ка́мен*-ный de pierre.
— *ка́мен*-щикъ le maçon.
— *камен*-ѣть se pétrifier.
— *ка́мен*-никъ l'endroit pierreux.
— о-*камен*-ѣлость le fossile.

кап,
goutte.

— *ка́п*-ать dégoutter.
— *ка́п*-ля la goutte.
— *ка́п*-елька la gouttelette.
— *кап*-ельникъ la stalactite.

кап, коп,
creuser.

от-*ка́п*-ываніе l'exhumation.

коп-а́ть creuser.
коп-ъ la mine.
коп-ыто le sabot du cheval.
коп-ьё la lance.
ко́п-аница la bêche.
коп-ѣйка le kopek.
коп-ѣйникъ le lancier.
коп-а́тель le terrassier.
за-*ко́п*-ъ la tranchée.
под-*ко́п*-ъ la mine.
под-*ко́п*-щикъ le mineur.

кас, кос,
toucher.

— *кас*-а́ться concerner, toucher.
— *кас*-а́тельность le rapport.
— *кас*-а́ніе le contact.

— *кос*-ну́ться concerner.
— при-*кос*-новеніе l'attouchement.

кат,
rouler, balancer.

— *кат*-а́ть rouler, charrier.
— *ка́т*-ка le roulage.
— *кат*-о́къ le rouleau, la glissoire.
— *ка́т*-кій roulant.
— *кат*-у́шка la bobine.
— *кат*-ы́шъ la roulette.
— *кач*-а́лка le berceau.
— *кач*-а́ть balancer.
— *кач*-е́ль la balançoire.
— *ка́ч*-кій vacillant, branlant.
— за-*ка́т*-ъ le coucher (des astres).
— о-*ка́т*-ъ la rondeur.
— пере-*ка́т*-ъ le roulement (du tonnerre).
— по́-*кат*-ь la pente.
— про-*ка́т*-ка le laminage.
— рас-*ка́т*-ъ la pente, le talus.

квас, кис,
aigreur, acidité.

— *квас*-ъ le kvas.
— *ква́с*-ить aigrir.
— *квас*-ши́къ le brasseur de kvas.
— *ква́ш*-а le levain.
— *ква́ш*-ня le pétrin.
— *квас*-цы́ l'alun.
— *кваш*-е́ніе la fermentation.
— за-*ква́с*-а le ferment, le levain.

— *кис*-нуть s'aigrir.
— *ки́с*-лый aigre.
— *ки́с*-лица l'oseille.
— *кис*-ло́тный acide.
— о́-*кис*-елъ l'oxyde.
— о-*кис*-ле́ніе l'oxydation.

кид,
jeter, abandonner.

— *кид*-áть jeter, abandonner.
— *кид*-кій agile.
— *кид*-áніе le jet.
— вы-*кид*-ышъ l'avorton.
   въ на-*кид*-ку sans mettre les manches.
— под-*кид*-нóй substitué, supposé.
— под-*кид*-ышъ l'enfant supposé.

кип,
bouillir.

— *кип*-ѣть bouillir, écumer.
— *кип*-ень la source thermale.
— *кип*-ѣлка la chaux vive.
   кип-ѣлый bouilli.
   кип-ятить faire bouillir.
— нá-*кип*-ь l'écume, le dépôt.

клад,
poser, ranger, entasser.

— *клад*-овáя le magasin.
— *клад*-ъ le trésor.
— *клад*-ь la charge.
— *клад*-бище le cimetière.
— *кла*-сть poser.
— *клáж*-а la charge.
— *клáд*-чикъ le poseur.
— в-*клад*-ъ la donation, le dépôt.
— вы-*клад*-ка le déballage, le calcul.
— до-*клáд*-ъ le rapport.
— за-*клад*-нáя l'hypothèque.
— за-*клáд*-ъ le gage, le pari.
— на-*клад*-нóй faux, postiche.
— на-*клад*-нáя la lettre de voiture.
— на-*клáд*-ъ la perte.

— о-клáд-ъ la taxe, le traitement.
— от-клáд-ъ le délai.
— по-клáж-а le bagage, la charge.
— под-клáд-ка la cale.
— при-клáд-ъ l'addition.
— с-клад-нóй pliant.
— с-клáд-ный harmonieux.
— с-клад-ъ les proportions, l'harmonie.
— у-клáд-ывать emballer.

колод,
morceau de bois.

колóд-а le billot.
колóд-никъ le forçat.
колóд-ничья le bagne.

клан, клон,
inclination, pente.

— клáн-яться saluer.
— по-клáн-яться adorer, saluer.
— клон-и́ть incliner, pencher.
— на-клóн-ъ la pente.
— от-клóн-ъ le versant.
— по-клóн-никъ l'adorateur.
— по-клóн-ъ la révérence, le salut.
— пре-клон-éніе la persuasion.
— с-клон-ъ le versant, la pente.
— у-клóн-чивый souple.
— у-клон-éніе la déviation.
— у-клóн-ъ la pente.

клевет,
calomnier.

— клевет-á la calomnie.
— клевет-никъ le calomniateur.
— клевет-áть calomnier.

6

клей,
coller.

клей la colle.
кле-евщікъ le colleur.
кле-ёнка la toile cirée.
клéй-кій visqueux.
клéй-стеръ la colle d'amidon.
клей-стый résineux.
клей-ть coller.

клик, клиц, крик,
cri.

— клик-ъ le cri.
— клик-ать appeler à haute voix.
— клик-у́ша la possédée.
— б-клик-ъ la publication.
— воз-клиц-áніе l'exclamation.
— крич-áть crier.
— крик-ъ le cri.
— крик-лйвый criard.
— крик-у́нъ le criailleur.

клин, кля,
jurer.

— за-клин-áніе l'exorcisme.
про-клин-áніе la malédiction.

— кля-сть maudire.
— кля-сться jurer.
— кля-тва le serment.
— за-кля-тіе le serment, l'ordre.
про-кля-тый maudit.
про-кля-тіе l'anathème.

клок,
touffe.

— клок-ъ la touffe.

клок-а́стый touffu, épais.
клоч-и́ть embrouiller, mêler.

клуб,
pelote, tourbillon.

клуб-ъ le peloton, le tourbillon.
клуб-и́ть rouler, tourbillonner.
клуб-ни́ка la fraise des jardins.

ключ,
clef.

ключ-ъ la clef.
клю́ч-никъ le sommelier.
клю́ч-и́ца la clavicule.
ключ-а́рь le sacristain.
ключ-еви́на le trou de la serrure.
в-*ключ*-а́ть insérer.
вы-*ключ*-е́ніе l'exclusion.
за-*ключ*-е́нникъ le détenu, le solitaire.
при-*ключ*-е́ніе l'aventure.

книг,
livre.

кни́г-а le livre.
кни́ж-никъ l'érudit.
кни́ж-ка le livret, le carnet.
кни́ж-ный lettré.

ков, ку,
forger.

ков-а́ть forger.
ков-а́льня la forge.
ков-а́рный astucieux.
ков-а́ло le marteau.
ков-а́ль le forgeron.

— ков-ъ les embûches, le piége.
— на-ков-а́льня l'enclume.
под-ко́в-а le fer à cheval.

ку-зне́цъ le forgeron.
ку-зне́чикъ le grillon.

кож,
peau.

— ко́ж-а la peau, le cuir.
— кож-а́нъ la chauve souris.
кож-е́вникъ le tanneur.
— ко́ж-ица l'épiderme, la pellicule.
— кож-ура́ la pelure.
ко́ж-аный de cuir, de peau.
— ко́ж-ный cutané.

коз,
chèvre, bouc.

— коз-а́ la chèvre.
— коз-ёлъ le bouc.
— коз-лина la peau de bouc.
— ко́з-лы le siége, les faisceaux.
— коз-ля́къ l'oronge.

кой, чи,
repos.

— ко́й-ка le lit de camp.
— по-ко́й la paix, la chambre.
— по-ко́и-ть faire reposer.
по-ко́й-ный tranquille, défunt.
по-ко́й-никъ le défunt.

по-чи-ва́льня la chambre à coucher.
— по-чи-ва́ть reposer.
по́д-чи-вать régaler, traiter.
— про́-чи-ть garder, réserver.

КОЛ,
piquer, battre.

— кол-о́ть piquer.
— кол-о́тье la colique.
— кол-отьба́ le besoin.
— кол-оти́ть battre, rosser.
— кол-оти́ло le maillet.
— кол-ото́къ le coup.
— ко́л-кiй piquant, mordant.
— кол-ю́шка l'épinoche.
— кол-ото́вка la baratte.
— раз-ко́лъ schisme.

КОЛ,
agiter, bercer.

кол-еба́ть agiter, bercer.
кол-ыбе́ль le berceau.
кол-е́блемость l'agitation.
кол-е́блющiйся hésitant.
кол-ыха́ть agiter.

КОЛ,
rond, roue.

— кол-ьцѣ l'anneau.
— кол-ея́ l'ornière.
— кол-ьчу́га la cotte de mailles.
— о-ко́л-нца les environs.
— кол-есо́ la roue.
— кол-я́ска la calèche.
— кол-е́сникъ le charron.
кол-есни́ца le char.
кол-есова́нiе le supplice de la roue.

КОЛД,
sorcellerie.

— колд-у́нъ le sorcier.
— колд-у́нья la sorcière.

ко.iд-овство́ le sortilége.
— *ко.iд*-ова́ть ensorceler.
ко.iд-овско́й enchanteur.
о-*ко.iд*-ова́нiе l'enchantement.

кон,
cheval.

кон-ь le cheval.
кон-ёкъ le patin.
ко́н-ница la cavalerie.
кон-юшня l'écurie.
ко́н-никъ le cavalier.
ко́н-ная le marché aux chevaux.
кон-юхъ le palefrenier.
кон-ёвый hippique.
ко́н-ный équestre.
кон-юшiй l'écuyer.

кон,
fin, extrémité.

— *кон*-е́цъ la fin.
ко́н-чить finir.
ко́н-ча́ться mourir.
ко́н-чикъ le bout.
— *ко́н*-чи́на le décès.
за-*ко́н*-ъ la loi.
за-*ко́н*-никъ le jurisconsulte.
за-*ко́н*-ный légal, légitime.
по-*ко́н*-ъ l'usage.
ис-*кон*-и́ de temps immémorial.

коп,
entasser.

— *коп*-а́ le tas.
коп-ённый en tas.
коп-и́ть amasser, entasser.
коп-на́ le tas.
на-*коп*-ле́нiе l'agglomération.

— с-коп-ъ l'épargne, l'économie.
— с-коп-ище le tas, l'attroupement.

кор,
reprocher, humilier, soumettre.

— кор-ить reprocher
— кор-ысть le butin.
— кор-ыстный intéressé.
— пере-кор-ъ l'entêtement.
— по-кор-ить soumettre.
— по-кор-итель le conquérant.
— по-кор-ный soumis, humble.
— у-кор-а le reproche.
— у-кор-изненный blâmable.

корен,
racine.

— корен-астый trapu.
— корен-ъ la racine.
— корен-никъ le limonier.
— корен-ной fondamental.
— в-корен-ить inculquer.
— за-корен-ѣть prendre racine.
— ис-корен-ять extirper.

корм,
nourrir.

корм-ить nourrir. —
корм-илица la nourrice. —
корм-ъ le fourrage. —
корм-овой alimentaire. —
корм-овище le pâturage. —
вы-корм-щикъ l'engraisseur de —
  bestiaux.
по-корм-ка le gain, le profit. —

корм,
gouverner.

корм-á l'arriére d'un navire.
корм-и́ло le gouvernail.
корм-чи́й le pilote.

коро́т, крат,
court.

корот-и́ть raccourcir.
коро́т-кий court, bref.
коро́т-кость l'intimité.

кра́т-кий court.
пре-*крат*-и́ть cesser.
со-*кращ*-éние l'abrégé.
со-*кращ*-éнный abrégé, concis.

кос,
faux.

кос-á la faux, la faucille.
кос-áкъ le faucheur.
кос-áрь la serpe.
кос-и́ть faucher, courber.
кос-овище le manche de faux.

кос,
lenteur.

ко́с-ный tardif.
кос-нѣ́ть s'attarder.
кос-ни́ть lambiner.

кос,
oblique.

ко́с-венный oblique.
кос-о́й oblique, louche.
кос-ь l'obliquité.

ис-кос-а de travers, en louchant.
от-кóс-ъ la pente, le talus.

кос, чес,
cheveu, poil.

- кос-á la tresse de cheveux.
- кос-мáтый velu.
- кос-áтый tressé.
- кос-мá la touffe de cheveux.
- кос-мáчъ l'homme ébouriffé.
- кос-ни́къ le nœud de rubant.
- чес-áть peigner, gratter, carder.
- чес-áльщикъ le cardeur.
- чёс-ка la coiffure.
- чес-отá la démangeaison.
- чес-óтка la gale.
- за-чёс-ъ le toupet, les franges.
- по-чес-у́ха la gale.

кост,
os.

- кост-ь l'os, l'arête.
- кост-ени́ть engourdir.
- кост-и́стый osseux.
- кóст-никъ l'ossuaire.
- кóст-очка le noyau.
- кост-ыль la béquille.
- кост-ыля́ть rosser, boiter.
- кост-я́къ le squelette.
- на-кóст-ница l'exostose.

коч,
vie nomade.

- коч-евáть mener la vie nomade.
- коч-евóй nomade.
- коч-евище le camp des nomades.

— 90 —

⁃ *коч*-еваніе la vie nomade.
⁃ от-*коч*-евать décamper.

крад,
voler, dérober.

— *крад*-у́нъ le voleur.
кра́ж-а le vol.
кра-сть voler.
кра́д-еное l'objet volé.
у-*кра́д*-кою à la dérobée.

край, крой,
couper, border.

— *край* le bord, le pays.
— *кра́й*-ный extrême.
— *кра́й*-ность la nécessité.
⁃ за-*кра́й*-на le bord.
⁃ У-*кра́й*-на l'Ukraine.

— *крой*-ть couper.
⁃ *крой*-тель le coupeur.
⁃ вы́-*крой*-ка le patron.
⁃ за-*кро́й* la rainure.
⁃ у-*кро́й* le linge, le linceul.

крас,
rouge, beau, couleur.

⁃ *кра́с*-ный rouge, beau.
⁃ *крас*-нѣть rougir.
⁃ *кра́с*-ить teindre, orner.
⁃ *кра́с*-ка la couleur.
⁃ *крас*-а́ l'ornement.
⁃ *крас*-а́вица la belle personne.
⁃ *крас*-и́вый beau.
— *крас*-и́льникъ le teinturier.
⁃ *крас*-у́ха la fièvre scarlatine.
⁃ *крас*-ота́ la beauté.

— *крас*-нотá la rougeur.
— у-*краш*-éнie la parure.

крест,
croix.

— *крест*-ъ la croix.
— *крест*-и́ть baptiser.
— *крещ*-éнie le baptême.
— *крест*-ья́нинъ le paysan.
— *крéст*-никъ le filleul.
— *крест*-éцъ le rein, la croupe.
— *крéст*-ный de la croix, baptismal.
— *крест*-цóвый en croix.
— пере-*крéст*-окъ le carrefour.

крив,
tordre, fausser.

крив-óй tortu, oblique, borgne.
крив-да l'iniquité, le mensonge.
— *крив*-изнá la courbure.
— *крив*-и́ть tordre.
крив-ля́ться faire des grimaces.
— *крив*-ѣ́ть devenir borgne.
крив-ля́нie les grimaces.

кров,
sang.

— *кров*-ь le sang.
— *кров*-áвить ensanglanter.
— *кров*-áвѣть se remplir de sang.
— *кров*-и́нка la goutte de sang.
— *крóв*-ность la parenté.
— *крóв*-ный consanguin.
— *кров*-янóй sanguin.

кров, кры,
creuser, couvrir.

— *кров*-ъ le toit.

— *кров*-ельщикъ le couvreur.
— от-*кров*-енный franc, ouvert.
— по-*кров*-итель le protecteur.
— со-*кров*-ище le trésor.

— *кры*-ть cacher.
— *кры*-ша le toit.
— *кры*-льцó le perron.
— *кры*-ло l'aile, le bord.
— за-*кры*-тіе la clôture.
— за-*кры*-шка le couvercle.
— от-*кры*-тіе la découverte.
по-*кры*-вáло le voile, la couverture.
при-*кры*-тіе l'escorte.
с-*кры*-тный sournois.
с-*кры*-тъ l'asile secret.
— у-*кры*-вáтель le recéleur.

кругъ,
cercle.

— *круг*-ъ le cercle.
— *круж*-ить tourner en rond.
— *кру́г*-лый rond.
— *круж*-áло le centre.
— *круг*-лякъ le rondin.
— *круж*-ево la dentelle.
— *кру́ж*-евница la dentellière.
— *круг*-линá la rondeur.
— *круг*-овóй circulaire.
— вы-*круж*-ки la moulure.
ó-*круг*-ъ l'arrondissement.
— о-*круж*-ить investir.

крутъ,
torsion, raideur.

— *крут*-ить tordre.
— *крут*-ило le rouet.
— *крут*-óй raide, escarpé.

— *крут-изна́* la raideur.
— *кру́т-ень* le tourbillon.
— *круч-и́на* le chagrin.
круч-и́нить affliger.

крѣп,
force, résistance.

крѣп-кій fort, robuste.
— *крѣп-ость* la forteresse.
— *крѣп-ъ* la force.
крѣп-остно́й serf.
— *крѣп-и́ть* fortifier.
крѣп-ти́на la corde de chanvre.
за-*крѣп-ка* la pièce d'arrêt.
под-*крѣп-а* le soutien, l'étai.
— с-*крѣп-ка* la légalisation.
у-*крѣп-ле́ніе* le retranchement.

куп,
acheter.

куп-и́ть acheter.
куп-éцъ le marchand.
ку́п-ля l'achat.
куп-чи́на l'acheteur.
куп-éчество le corps des marchands.
вы-*куп-ъ* le rachat, la rançon.
ис-*куп-и́тель* le rédempteur.
ис-*куп-и́тельный* expiatoire.
от-*куп-но́й* affermé.
о́т-*куп-ъ* la ferme.
пере-*ку́п-щикъ* l'accapareur.
под-*ку́п-ъ* la corruption.
с-*куп-ъ* la rançon.

кур,
fumer.

кур-и́ть fumer, parfumer.

— кýр-ево la fumée (de tabac).
— кур-и́тель le fumeur.
— кур-и́ло le fainéant.
— кур-и́льница la cassolette.
— кур-но́й enfumé.

кус, goûter.

— кýш-ать manger.
кýш-анье le mets.
— в-кýс-ъ le goût.
в-кýс-ный savoureux.
в-куш-éніе la jouissance.
за-кус-и́ть déguster.
за-кýс-ки les hors d'œuvre.
ис-кус-и́тель le tentateur.
ис-кýс-никъ le connaisseur.
ис-кýс-ство l'art, l'habileté.
ис-кýс-ственный artificiel.
ис-кýс-ный habile, expert.
не-кýс-ъ l'épreuve, le noviciat.
по-куш-éніе la tentative, l'attentat.

кус, mordre.

— кус-ъ le morceau.
— кус-áть mordre.
кýс-кій mordant.
кус-ко́вый en morceaux.
у-куш-éніе la morsure, la piqûre.

Л.

лав, лов,
chasser.

— об-*ла́в*-а la battue.
— об-*ла́в*-щикъ le traqueur.

— *лов*-и́ть attraper.
— *лов*-е́цъ le chasseur.
— *ло́в*-кiй adroit.
— *лов*-ъ la capture.
— *лов*-у́шка le piège.
— *ло́в*-чiй dressé à la chasse.
— не-*ло́в*-кiй gauche, maladroit.
— у-*ло́в*-ъ la capture (d'un coup de filet).

лаг, лег, лог,
être étendu, être situé.

в-*лаг*-а́лище le fourreau.
— от-*лаг*-а́нiе sursis.
с-*лаг*-а́тель le faiseur.
— по-*лаг*-а́ть supposer.

— *леж*-а́ть être couché.
— *лёж*-ка le repos.
— *лёж*-ень la sablière.
— *ле*-чь être couché.
— *леж*-а́нка le poêle bas.
— за-*лёг*-лый stagnant.
— за́-*леж*-ь la friche, le gisement.
— о́т-*леж*-ь le dépôt, le sédiment.
принад-*леж*-а́ть appartenir.
при-*ле́ж*-ный assidu.

— *ло́ж*-е la couche.
— *лож*-и́ться se coucher.
— *лож*-жина́ le creux.
— *лог*-ъ le lit (d'un fleuve).

за-*ло́г*-ъ le gage.
за-*ло́ж*-никъ l'otage.
— на-*ло́г*-ъ l'impôt.
— от-*ло́г*-ъ la pente.
— по-*ло́г*-ъ le rideau de lit.
— пред-*ло́г*-ъ le prétexte.
пред-*лож*-е́ніе la proposition.
— пре-*лож*-е́ніе la traduction.
— раз-*ло́г*-ъ la pente.
распо-*лож*-е́ніе la disposition.
— с-*ло́ж*-ный composé.
— у-*лож*-е́ніе l'emballage.

ладъ,
accord, harmonie.

— *ла́д*-ить accorder.
— *ла́д*-ный d'accord.
— *ла́д*-ъ l'accord.
— без-*ла́д*-ица la discorde.
— не-*ла́д*-ный mauvais.
— при-*ла́ж*-иванье l'ajustement.
— раз-*ла́д*-ъ la discorde.
— с-*ла́ж*-еніе l'arrangement.

лаз, лез (ou лѣз), лз,
grimper, ramper.

— *лаз*-у́нъ le grimpeur.
ла́з-ня l'échelier.
— *ла́з*-ать grimper.
— *лаз*-у́тчикъ l'espion.
— вы́-*лаз*-ъ le trou.
— вы́-*лаз*-ка la sortie.
— под-*ла́з*-ъ l'intrigant.

— *лѣз*-ть grimper.
— *лѣс*-тница l'escalier, l'échelle.
— вз-*лѣз*-а́ніе l'escalade.

7

ло́-лз-кій glissant.
по-лз-у́чій rampant.

лай,
aboyer.

— лай l'aboiement, l'injure.
— ла́й-ка la peau de chien.
— ла́-ять aboyer, calomnier.
— ла́-ятель le calomniateur.

лак (voyez алк).

лап,
patte.

ла́п-а la patte.
ла́п-очка ma mie.
лап-та́ la paume.
ла́п-чатый palmé.

ласк,
caresse, grâce.

— ласк-а́ть caresser.
— ла́ск-а la caresse.
— ла́ск-овый gracieux, caressant.
— ласк-а́тель le flatteur.
— ла́ск-овость l'affabilité.
— при-лас-ка́ть caresser.

лг, лог, лыг,
mensonge.

лг-ать mentir.
лг-унъ le menteur.
лж-ецъ le menteur.

. *лж-*и́вый mensonger.
на-*лг-*а́ть calomnier.

*ло́ж-*ный faux.
*лож-*ь le mensonge.

от-*лы́ж-*ка l'excuse, le mensonge.
за-*лы́г-*а́ло le menteur.

лег, лез, льг, льз,
léger, facile.

- *лёг-*кій léger, facile.
- *лёг-*кое le poumon.
- *лег-*ча́ть s'apaiser.
- *лег-*че́ніе la castration.
- не-*лёг-*кая le démon.
- по́-*лез-*ный avantageux.
- *льг-*ота́ l'exemption d'impôts.
- не-*льз-*я́ il est impossible.
- по́-*льз-*а l'avantage.

лед, льд,
glace.

- *лёд-*ъ la glace.
- *лед-*ене́цъ le sucre candi.
- *лед-*ени́ть glacer, congeler.
- *лед-*ни́къ le glacier.
- *лёд-*ница la carafe frappée.
- *лед-*яно́й de glace.
- на́-*лед-*ь la couche de glace.
- *льд-*и́на le glaçon.

лек (ou лѣк),
guérir.

- *лек-*арь le médecin.
- *лѣч-*и́ть soigner.

— лѣч-ба́ la cure.
— лѣч-е́бникъ le livre de médecine.
— лѣч-е́бница l'infirmerie.
— лѣк-а́рство le médicament.
— лѣч-е́бный médical.
— из-лѣч-и́мый guérissable.

лест, льст,
flatterie.

— лест-ь la flatterie.
— лѣ́ст-ный flatteur.
— без-лѣ́ст-ный franc.
— пре́-лест-ь le charme, l'attrait.

— льст-е́цъ le flatteur.
— льст-и́ть flatter.
— обо-льст-и́тель le séducteur.
— обо-льщ-е́ніе la séduction, l'illusion.
— пре-льст-и́тель le séducteur.

лет,
voler, s'envoler.

— лет-ѣ́ть voler.
— лёт-ъ le vol.
— лет-у́чій volant, volatil.
— лет-о́къ le volant.
— лет-у́чка l'aigrette.
— за-лёт-ъ l'arrivée.
— на-лёт-ъ l'attaque subite.
— от-лёт-ный migrateur.
— пере-лёт-ъ le vol, le passage.
— по-лёт-ъ le vol, l'essor.
про-лёт-ка le cabriolet.
— о-лёт-ъ la volée.
у-лет-у́чить volatiliser.
— у-лёт-ъ le départ.

ли, лой,
verser, fondre.

— ли-ть fondre, verser.
— ли́-вень l'averse.
— ли́в-мя à verse.
— ли-те́йная la fonderie.
— ли-те́йщикъ le fondeur.
— ли-тьё la fonte.
— лі-я́ло le moule.
— в-лі-я́ніе l'influence.
— воз-ли-ва́льникъ l'aiguière.
— вз-лі-я́ніе l'aspersion.
— за-ли́-въ le golfe.
— за-ли-вно́й transparent.
— на-ли́-въ la sève, le jus.
— на-ли́-вка l'infusion, la liqueur.
— от-ли́-въ la fonte, le reflux.
— по-ли́-ва la sauce, le vernis.
— по-ли-вно́й inondé.
— про-ли́-въ le détroit.
— раз-ли́-въ la crue, l'inondation.
— с-ли́-вки la crème.
— с-ли́-токъ le lingot.
— с-лі-я́ніе le confluent.

— за-ло́й la plage inondée.
— с-лой la couche, le feuillet.
— с-лои́-стый schisteux.
— с-лои́-ть feuilleter.

лиз,
lécher.

— лиз-а́ть lécher.
— на-лиз-а́ться s'enivrer.
— по-лиз-а́ть lécher, consumer.
— о-лиз-а́ть voler, dérober.

ЛИК, ЛИЦ,
visage, personne.

— лик-ъ l'image,
— об-лик-ъ la figure, les traits.
— от-лик-а la différence,
— у-лик-а la pièce à conviction.

— лиц-о́ le visage, la face.
— лич-и́на le masque.
— ли́ч-ный personnel.
— на-ли́ч-никъ la visière.
— на-ли́ч-ность l'effectif.
— об-лич-и́тель l'accusateur.
— по-ли́ч-ное le corps du délit.
— при-ли́ч-іе la décence.
— раз-ли́ч-іе la différence.
— с-лич-е́ніе la comparaison.

ЛИП, ЛЬ, ЛѢП,
visqueux, attirant.

ли́п-а le tilleul.
— ли́п-кій visqueux.
ли́п-ецъ le miel blanc.
— ли́п-нуть être collé.
при-ли́п-чивый contagieux.

— при-ль-ну́ть s'attacher à.
— у-ль-ну́ть s'enfuir.

— лѣп-и́ть modeler, mouler.
лѣп-ый beau, élégant.
лѣп-ота́ la beauté.
— лѣп-щи́къ le mouleur.
раз-лѣп-ля́ть décoller.
не-лѣп-о absurdement.

ЛИСТ,
feuille.
—лист-ва́ le feuillage.

— *лист*-венница le mélèze.
— *лист*-венѣть se couvrir de feuilles.
— *лист*-іе le feuillage.
— *лист*-окъ la feuille (de papier).
— *лист*-ъ la feuille.

лих,
mauvais.

— *лих*-ой méchant, adroit.
— *лих*-о le mal.
— *лих*-ачъ le brave.
— *лих*-орадка la fièvre.

лиш,
superflu, excédant.

— *лиш*-ать dépouiller, priver.
— *лиш*-екъ le surplus.
— *лиш*-ній superflu.
— *лиш*-ь aussitôt.
— за-*лиш*-ній excédant, superflu.
из-*лиш*-ество l'excès.
с-*лиш*-комъ trop.

лоб,
front.

— *лоб*-ъ le front, la tête.
— *лоб*-зать baiser, embrasser.
— *лоб*-ный de front.
— *лоб*-овой frontal.
— вз-*лоб*-окъ l'éminence.
— на *лоб*-никъ le frontal.
— над-*лоб*-ье le dessus de la tête.

лом, лам,
briser.

— *лом*-ать briser.
— *лом*-ка le désordre.

— лом-ъ les fragments.
— лом-о́ть la tranche.
— ло́м-кій fragile.
— лом-о́та le rhumatisme.
— лом-ли́вый hautain, fier.
— вз-ло́м-ъ l'effraction, le bris.
— вы́-лом-ъ la démolition.
— за-ло́м-ъ l'embrasure, l'estacade.
— пере-ло́м-ъ la crise, la rupture.
— по-ло́м-ъ la casse.
— про-ло́м-ъ la brèche.

— ла́м-ывать briser.

лоск,
poli, brillant.

— лоск-ъ le lustre, le poli.
— лос-ни́ться être luisant.
лощ-и́ло le polissoir, le lissoir.
лощ-и́льникъ le polisseur.
— лощ-ёнка l'étoffe lustrée.
лощ-и́ть polir, planer.
— по-лоск-а́ть rincer, laver.
по-лоск-а́нье le gargarisme.

лугъ,
prairie.

— луг-ъ la prairie.
— лу́ж-а la flaque.
— луг-о́вка le vanneau.
— луж-а́йка la prairie, la clairière.

лукъ,
attirer.

от-лу́ч-е́ніе l'éloignement.
от-лу́ч-ка l'absence.
по-лу́ч-а́ть recevoir.
по-лу́ч-а́тель le destinataire.
— при-лу́к-а l'appât, l'amorce.

— 105 —

- раз-*лу́к*-а la séparation.
- с-*лу́ч*-ай le hasard, l'occasion.
- с-*лу́ч*-ка l'accouplement.
- у-*лу́ч*-е́ніе la trouvaille.

ЛУК, ЛЯК,
courbe.

- *лук*-а́ la courbure, le détour.
- *лук*ъ l'arc, l'archet.
- *лук*-а́вый rusé, astucieux.
- *лук*-ова́тый tortueux, noueux.
- из-*лу́ч*-ина la courbure.
- пере-*ля́к*-а le chien à dos arqué.

ЛѢВ,
gauche.

- *лѣв*-ый gauche.
- *лѣв*-ша la main gauche.
- *лѣв*-ша́къ le gaucher.
- *лѣв*-изна́ le côté gauche.

ЛѢН,
paresse.

- *лѣн*-ь la paresse.
- *лѣн*-и́вый paresseux.
- *лѣн*-и́вецъ le paresseux.
- *лѣн*-тя́й le fainéant.

ЛѢС,
forêt.

- *лѣс*-ъ la forêt, le bois.
- *лѣс*-никъ le garde forestier.
- *лѣс*-ни́чество l'établissement forestier.
- *лѣс*-но́й de forêt, boisé.
- *лѣш*-ій le satyre, le loup-garou.

— пере-лѣс-ье la clairière.
— по-лѣс-овщикъ le garde forestier.

ЛѢТ,
été, année.

— лѣт-о l'été, l'année.
— лѣт-ный d'été.
— лѣт-овать passer l'été.
— лѣт-овье le séjour d'été.
— лѣт-ось l'année dernière.
без-лѣт-ность l'éternité.

люб,
aimer.

— люб-ить aimer.
— люб-овь l'amour.
— люб-езный aimable, cher.
— люб-ой qui plaît.
— люб-езникъ le galant.
— люб-имый favori, préféré.
— люб-итель l'amateur.
— люб-овникъ l'amant.
— люб-овный amoureux, galant.
— люб-оваться admirer, contempler.
— в-люб-ляться s'éprendre.
— не-люб-овь la haine.
— по-люб-овно à l'amiable.

ЛЮД,
les gens, le monde.

люд-и les gens, le monde.
люд-ской des gens.
люд-ный populeux.
люд-ская la chambre des domestiques.
люд-скость la civilité.

без-*люд*-ить dépeupler.
не-*люд*-имка le misanthrope.

ляг, ✗
sauter, ruer.

- *ляг*-áть ruer, regimber.
- *ляг*-ýшка la grenouille.
- *ляг*-áніе la ruade.
- за-*ляг*-áть tuer en ruant.

M.

маз, мас,
graisse.

— мáз-ать graisser.
— маз-ь l'onguent, la graisse.
— маз-илка la brosse, le pinceau.
— мáз-ка le graissage.
— за-мáз-ка le mortier.
— об-мáз-ка le mastic.
— по-мáз-анникъ l'oint.

— мáс-ло l'huile, le beurre, la graisse.
— мас-лёнки les olives.
— мáс-лить huiler.
— мáс-ляная la semaine grasse.
— под-мáс-лить corrompre.

мал,
petit.

мáл-ый petit.
мал-ѣть diminuer.
мал-ýха la cadette.
мал-ыгá le petit enfant.
мáл-ьчикъ le garçon.
мал-явка les petits poissons.
мал-ьчугá le mioche.
у-мал-éніе la diminution.

ман,
tromper, attirer.

ман-ить attirer, leurrer.
вз-ман-éніе la séduction.
вы-мáн-ивать obtenir par ruse.
за-мáн-ка l'appât.
об-мáн-ъ la tromperie.
об-мáн-чивость la déception.
об-мáн-щикъ le fourbe.

пере-*ман*-щикъ l'embaucheur.
под-*ман*-щикъ le séducteur.
при-*ман*-ка l'appât.
при-*ман*-чивость l'attrait.
с-*ман*-ить embaucher.

мар,
salir.

мар-ать salir, barbouiller.
мар-атель le barbouilleur.
мар-кій salissant.
мар-ушка la tache.
вы-*мар*-ка la rature.
пере-*мар*-ка la correction.

мах,
agiter, lancer, gesticuler.

мах-ать agiter, brandir.
мах-ъ le mouvement, le coup.
мах-ало l'éventail.
мах-алка le chasse-mouches.
мах-овикъ le volant.
про-*мах*-ъ la bévue.
раз-*мах*-ъ l'oscillation.
с-*мах*-у en un tour de main.

МГ, МИГ, ЖМ,
cligner.

мг-новенный instantané.
мг-новеніе l'instant.
мг-новенность l'instantanéité.
миг-ъ le clin d'œil.
миг-ать cligner de l'œil.
пере-*миг*-и les œillades.
жму-ри-ть cligner.
жмур-ки le colin-maillard.

мед,
lenteur.

мёд-ленный lent.
— мёд-лить tarder.
— мед-ле́ніе le retard.
— мед-ли́тель le lambin.
пере-мёд-лить patienter.
про-мед-ле́ніе le délai.

— млѣ-ть se pâmer.

меж,
milieu, mesure.

меж-а́ la frontière, la borne.
ме́ж-ду entre, parmi, au milieu de.
меж-и́на l'intervalle.
меж-евщикъ l'arpenteur.
ме́ж-никъ le sillon.
меж-ева́ть arpenter, borner.
про-меж-у́токъ l'intervalle.
с-ме́ж-никъ le voisin.

мезд, мзд,
récompense.

без-мѣ́зд-іе le désintéressement.
— воз-мѣ́зд-іе la récompense.
воз-мѣ́зд-никъ le vengeur.

— мзд-а la récompense, le gain.
мзд-оймецъ le concussionnaire.

мек,
penser,

— мек-а́ть penser, supposer.
до-мёк-ъ la conjecture.
— на-мёк-ъ l'allusion.

меч,
rêver.

- меч-та́ la vision, le rêve.
- меч-та́тель le rêveur.
- меч-та́ть rêver.

мел,
petitesse, finesse.

- ме́л-кій petit, fin, bas.
- мел-очно́й de détail, minutieux.
- мел-очни́къ le marchand au détail.
- ме́л-очь la bagatelle.
- мел-чи́ть triturér, rendre menu.
- мел-юз-га́ le fretin.

мел, мол,
moudre.

- ме́л-иво la farine.
- ме́л-ьникъ le meunier.
- ме́л-ьница le moulin.
- раз-мел-ьче́ніе la désagrégation.
- мол-о́ть moudre.
- вы-мол-ъ la farine.
- мол-оти́ло le fléau.
- по-мо́л-ъ la mouture.

мер, мир, мор, мр,
mort.

- мёр-твый mort.
- мер-тве́цъ le cadavre.
- мер-тве́чина la charogne.
- мер-тви́ть tuer, paralyser.
- за-мёр-лый engourdi.
- с-мер-те́льный mortel.
- с-мёр-тный mortel, capital.
- с-мер-ть la mort.
- у-мер-тви́тель le meurtrier.

у-*мер*-ёть mourir.
за-*мир*-ать s'engourdir.
об-*мир*-ание l'évanouissement.
у-*мир*-ать mourir.

мор-ъ la peste.
мор-овой pestilentiel.
мор-ить faire mourir.
за-*мо́р*-а l'inanition.
у-*мо́р*-ъ la mort.

мерз, мороз, мраз,
glace, gelée, dégoût.

— *мёрз*-нуть se geler.
— *мёрз*-лый gelé, frileux.
— *мерз*-ить dégoûter.
— *мёрз*-кiй abominable, vilain.
— *мерз*-авецъ le vaurien.
— *мёрз*-ость l'horreur, la turpitude.

— *моро́з*-ъ la gelée.
— *моро́з*-ить glacer.
— *морож*-еное la glace (à manger).
— *моро́з*-ный glacial, glacé.
— за́-*мороз*-ы les premières gelées.

— *мраз*-ъ la gelée.

мерк, морок, мракъ,
obscurité.

— *мёрк*-нуть s'obscurcir.
— по-*мёрк*-лость l'éclipse.
— о-*мерк*-аться commencer à faire sombre.
— су́-*мерк*-и le crépuscule.
— *мо́рок*-ъ l'obscurité.
— об-*мо́рок*-ъ l'évanouissement.
— об-*мо́рок*-ивать mystifier.
— *мрак*-ъ l'obscurité.

— мра́ч-ный sombre, obscur.
— мрач-и́ть obscurcir.
— мрач-нѣ́ть devenir sombre.
— о-мрач-а́ть aveugler, éblouir.

мет,
balayer.

ме-сти́ balayer.
мёт-ла le balai.
мет-е́льщикъ le balayeur.
по-ме-ло́ l'écouvillon.
по-мёт-ъ l'ordure.
по-ме-ли́ще le manche à balai.
с-мёт-ка les balayures.

мет,
jeter.

— мет-а́ть jeter.
— мет-ь le galop.
— за-мёт-ъ le verrou.
— от-мёт-никъ l'apostat.
— пере-мёт-ный la girouette.
— пере-мёт-чикъ le déserteur.
— на-мёт-ъ le filet, la couverture.
— на-мёт-ка la chemisette.
— по-мёт-ъ la portée.

мил,
affection, pitié.

— ми́л-ый gentil, gracieux.
— ми́л-ость la grâce, la faveur.
— мил-ова́ть caresser.
— ми́л-овать pardonner.
— ми́л-остивый gracieux, favorable.
— ми́л-остивецъ le bienfaiteur.
— ми́л-остыня l'aumône.
— мил-я́га l'homme aimable.

— *мил*-очка la jolie personne.
не-*мил*-ость la disgrâce.
— по-*мил*-овать avoir pitié.
по-*мил*-ованіе le pardon.
— у-*мил*-ьный gracieux, tendre.

МНИ, МНИ, МНѢ, МЯ,
pensée.

— по-*мин*-áніе la prière pour les morts.
— по-*мин*-ки l'office des morts.
— по-*мин*-окъ le souvenir, le présent.
— *мни*-ть penser, croire.
— *мни*-мый imaginaire.
— пó-*мни*-ть se souvenir.
— *мни*-тельный soupçonneux.
— *мнѣ*-ніе l'avis, l'opinion.
— со-*мнѣ*-ніе le doute.
— пá-*мя*-ть la mémoire.
— пá-*мя*-тникъ le monument.

МИР,
paix.

— *мир*-ъ la paix.
— *мир*-ный paisible.
— *мир*-ить réconcilier.
— *мир*-овóй de paix.
— *мир*-овщикъ le médiateur.
— *мир*-итель le pacificateur.
— при-*мир*-іе la trêve.
— при-*мир*-éніе la réconciliation.
— раз-*мир*-яться se brouiller.
— с-*мир*-éніе l'humilité, la soumission.
— ,с-*мир*-éнный humble.
— с-*мир*-ить dompter.

— с-*мир*-ный doux, tranquille.
— у-*мир*-énie la pacification.

мір,
monde.

— *мір*-ъ le monde.
— *мір*-янинъ laïque.
— *мір*-ской mondain.
— об-*мір*-щáться enfreindre les règles de sa secte.

МК, МОК, МЫК,
fermer.

— ото-*мк*-нýть ouvrir.
за-*мк*-óвый de château.
зá-*мк*-овый de château.

— за-*мóк*-ъ la serrure.
— зá-*мок*-ъ le château.
за-*мóч*-никъ le serrurier.

— за-*мыч*-ка le loquet, la soupape.
от-*мыч*-ка le passe-partout.
пере-*мыч*-ка la digue.
при-*мык*-áющій contigu.

млад, молод,
jeunesse.

— *млад*-énецъ l'enfant.
— *млáд*-шій le plus jeune.
— *млáд*-ость la jeunesse.
— *млад*-éньчество l'enfance.

— *молод*-óй jeune.
— *молод*-éцъ le jeune homme, le gaillard.
— *молод*-и́ть rajeunir.
— *молод*-éжь la jeunesse, les jeunes gens.

— молож-а́вый qui a l'air jeune.
— молод-и́къ la nouvelle lune.
— молод-и́ло la joubarbe.

МЛЕК, МОЛОК,
lait.

млек-о́ le lait.
мле́ч-ный lacté.

молок-о́ le lait.
моло́ч-ница la laitière.
моло́ч-никъ le pot-au-lait.
моло́ч-ай l'euphorbe.

МОВ, МОЙ, МЫ,
laver.

— о-мов-е́ніе le lavement.
— у-мов-е́ніе l'ablution.

— мо́й-ка le lavage.
— вы́-мой-на la fondrière.
— от-мо́й-ный emporté par l'eau.
— по-мо́й les rinçures, les lavures.
— про-мо́й-на la ravine.
— про-мо́й-ный raviné.

— мы-ть laver.
— мы́-ло le savon.
— мы́-льня la salle de bains.
— мы́-ловка le talc.
— мы-тьё le lavage.
— на-мы-вно́й formé par alluvion.
— про-мы́-вка le lavage.
— мы́-льница la boîte à savon.
— мы́-лить savonner.
— у-мы-ва́ніе l'ablution.

МОГ,
pouvoir.

мо-чь pouvoir.

мо́ж-но possible.
мог-отá la force.
мог-у́щій puissant.
мог-у́чій robuste.
вы-мог-áніе l'extorsion.
не́-мо-чь la maladie, l'infirmité.
об-мог-áніе la convalescence.
под-мо́г-а l'aide, le secours.
по-мо́-щникъ l'aide, le substitut.
по-мо́-щный auxiliaire.

МОК, МАЧ,
humidité.

— мо́к-рый humide.
— мок-ротá l'humidité.
— моч-и́ть mouiller.
моч-и́ться uriner.
— моч-á l'urine.
мо́к-редь le temps humide.
мо́к-нуть se mouiller.
моч-áгъ le marécage.
моч-áжный marécageux.
вы́-мок-лый trempé, dessalé.
по-мо́к-лый gâté par l'humidité.
— у-мáч-ивать tremper.

МОЛ,
prière.

мол-и́ться prier Dieu.
мол-и́тва la prière.
мол-éнная l'oratoire.
мол-éбенъ le Te Deum.
мол-éбный suppliant.
мол-éбствіе les prières.
мол-и́твенникъ le livre de prières.
мол-ьбá la prière.
мо́л-ьбище l'oratoire.

МОЛВ, МОЛ,
bruit de paroles.

молв-á le bruit, la renommée.
молв-и́ть prononcer.
без-*мо́лв*-никъ l'ermite.
без-*мо́лв*-ный silencieux.
без-*мо́лв*-ie le silence, le calme.
об-*мо́лв*-ка la méprise.
пере-*мо́лв*-ка la conversation.
по-*мо́лв*-ка les fiançailles.
про-*молв*-и́ть proférer, prononcer.
при-*молв*-и́ть ajouter.
раз-*мо́лв*-ка l'altercation.

мол-ъ dit-il.

МОЛК,
silence.

молч-а́ть se taire.
молч-а́нie le silence.
мо́лк-нуть se taire.
мо́л-ча en silence.
молч-али́вый taciturne.
молч-у́нъ le taciturne.
у-*мо́лк*-ъ le silence.

МОР,
mer.

мо́р-е la mer.
мор-ско́й marin.
мор-я́къ le marin.
мор-я́нинъ l'habitant des côtes.
мор-я́на le vent de mer.
мор-и́стый éloigné de la côte.
вз-*мо́р*-ье la plage.
за-*мо́р*-скiй d'outre-mer.
по-*мо́р*-ецъ l'habitant des côtes.
по-*мо́р*-ie le littoral.

МОСТ,
pont, pavé.

мост-ъ le pont.
мост-овая le pavé.
мост-ить paver.
мост-ки la passerelle.
мост-овина la poutre de pont.
мощ-ение le pavage.
от-*мост*-ка l'endroit planchéié.
под-*мост*-ка l'échafaudage.
по-*мост*-ъ le plancher, le parquet.

МОТ,
dévider.

мот-а́ть dévider.
мот-о́къ l'écheveau.
мот-ы́га le dissipateur.
мот-у́шка la bobine.
мот-овско́й dépensier.
мот-а́ніе la prodigalité.
мот-а́льщикъ le dévideur.

МУДР,
sagesse.

мудр-е́цъ le sage.
мудр-ёный ingénieux.
му́др-ость la sagesse.
мудр-и́ть raffiner.
му́др-ый sage.
му́др-ствовать philosopher.
у-*мудр*-и́ть instruire.
цѣло-*му́др*-іе la chasteté.
любо-*му́др*-ъ le philosophe.

МУЖ,
homme.

муж-ъ le mari.
муж-чи́на l'homme.

— *муж*-ество le courage.
— *муж*-и́къ le paysan.
— *муж*-ній marital.
— *муж*-а́ться prendre courage.
¬ *муж*-ескій masculin.
— *муж*-и́цкій de paysan.
— *муж*-и́чій grossier.
— *муж*-ско́й d'homme.
— воз-*муж*-а́ть atteindre l'âge viril.
— за-*му́ж*-няя la femme mariée.

МУК,
tourmenter.

— *му́к*-а le tourment.
— *муч*-е́ніе le supplice.
— *муч*-и́тель le bourreau.
му́ч-еникъ le martyr.
— *му́ч*-ить tourmenter.
муч-и́тельскій tyrannique.
муч-и́тельный douloureux.

МУК,
farine.

¬ *мук*-а́ la farine.
— *муч*-но́й farineux.
— *муч*-ни́къ le farinier.
— *муч*-ни́ть enfariner.

МУТ, МЯТ,
trouble.

— *мут*-и́ть troubler.
— *му́т*-ный trouble.
— *мут*-нѣ́ть devenir trouble.
— о́-*мут*-ъ le tourbillon.
— воз-*мущ*-е́ніе la révolte.
— с-*му́т*-а l'émeute.
— с-*му́т*-ный inquiet, séditieux.
— с-*мущ*-е́ніе l'agitation.

— мят-ёжъ la révolte.
— мя-стй troubler.
— мят-ёжничать se révolter.
— мят-ёжникъ le rebelle.
— мят-ёль le tourbillon de neige.
— без-мят-ёжный calme.
— с-мят-ённый perplexe.

МЫСЛ,
pensée.

— мысл-ь la pensée.
— мы́сл-ить penser.
— мы́сл-енный mental.
— мысл-и́тель le penseur.
— вы́-мысл-ъ la fiction, le mensonge.
— за́-мысел-ъ le projet, l'intention.
— за-мысл-ова́тый ingénieux.
— по-мышл-е́ніе la pensée.
— про́-мысел-ъ la profession.
— про́-мысл-ъ la Providence.
— про-мы́шл-енникъ l'industriel.
— раз-мы́сл-ъ l'ingénieur.
— раз-мышл-е́ніе la méditation.
— с-мысл-ъ le sens.
— у́-мысел-ъ l'intention.
— у-мы́шл-енность la préméditation.

МѢД,
cuivre.

— мѣд-ь le cuivre.
— мѣд-ный de cuivre.
— мѣд-и́ть recouvrir de cuivre.
— мѣд-истый cuivré.
— мѣд-никъ le chaudronnier.
— мѣд-яница l'orvet.
— мѣд-янка le vert-de-gris.

МѢН,
changement.

— мѣн-а l'échange, le troc.
— мѣн-яло le changeur.
— мѣн-ять changer.
— в-мѣн-éніе l'imputation.
— вы-мѣн-ъ le troc.
— за-мѣн-а la compensation.
— из-мѣн-а la trahison.
— из-мѣн-никъ le traître.
— из-мѣн-чивый variable.
— об-мѣн-ъ l'échange.
— от-мѣн-а l'abolition.
— от-мѣн-éніе la révocation.
— пере-мѣн-а le relai.
— под-мѣн-а la substitution.
— про-мѣн-ъ l'échange.
— про-мѣн-щикъ le changeur.
— с-мѣн-а le changement.

МѢР,
mesure.

— мѣр-а la mesure.
мѣр-ило l'échelle.
— мѣр-ный mesuré, exact.
— мѣр-ить mesurer.
— мѣр-итель le mesureur.
— мѣр-ка la mesure.
— мѣр-яніе le mesurage.
— на-мѣр-еніе l'intention.
при-мѣр-ъ l'exemple.
раз-мѣр-ъ la dimension.
— у-мѣр-енность la modération.

МѢС,
mélange.

— мѣш-áть mêler, empêcher.
— мѣс-ить pétrir.

— мѣс-ка le pétrissage.
— мѣш-а́лка le brassoir.
— мѣс-и́лка le bâton à pétrir.
— в-мѣш-а́тельство l'intervention.
— за-мѣш-а́тельство le trouble.
— пере-мѣс-ь le mélange.
— под-мѣс-ка l'alliage.
— по-мѣс-ный hybride.
— по́-мѣс-ь le croisement.
— по-мѣш-анный le fou.
— с-мѣс-ь le mélange.

МѢСТ,
lieu, endroit.

мѣст-о le lieu, la place.
— мѣст-и́ть placer.
мѣщ-ани́нь le bourgeois.
мѣст-ный local.
мѣщ-а́нство la bourgeoisie.
в-мѣст-и́мость la capacité.
в-мѣст-ный décent, convenable.
— на-мѣст-никъ le lieutenant.
по-мѣщ-икъ le propriétaire.
по-мѣст-ье le domaine.
— пред-мѣст-іе le faubourg.
раз-мѣщ-е́ніе la répartition.

МѢТ,
précision.

— мѣт-ка le signe.
— мѣт-кій juste.
— мѣт-ить marquer.
мѣт-а le but, la cible.
— за-мѣт-ить remarquer.
— за-мѣт-ный visible, remarquable.
— за-мѣч-а́ніе l'observation.
— за-мѣт-ка la remarque.

— на-*мѣт*-ка la marque.
— от-*мѣт*-а l'annotation.
— от-*мѣт*-ина l'indice.
— при-*мѣч*-áнie la remarque.
— при-*мѣт*-ы le signalement.
— с-*мѣт*-а le calcul, le devis.

МѢХ,
peau, fourrure.

— *мѣх*-ъ la fourrure.
— *мѣх*-овóй de fourrure.
— *мѣх*-овщикъ le fourreur.
— *мѣш*-óкъ le sac.
— *мѣш*-éчекъ le sachet.

H.

наг,
nudité.

— наг-о́й nu.
— наг-ота́ la nudité.
— наг-оте́ть devenir nu.
— об-наж-а́ть dégaîner.

неб,
ciel.

— не́б-о le ciel.
— неб-ожи́тель bienheureux.
— под-не́б-ье le palais (de la bouche).
— неб-е́сный céleste.
— под неб-е́сный terrestre.
— под-неб-е́сная l'univers.
— под-неб-е́сье l'atmosphère.

пер, нор, нур, ныр,
plonger.

— нер-ето́ la nasse d'osier.
— нор-а́ le gîte, le terrier.
— но́р-ка la loutre.
— нор-о́къ la belette.
— ко-ну́р-а le bouge, le repaire.
— по-ну́р-ый sournois.
— ныр-я́ть plonger.
— ныр-о́къ le harle.
— ныр-я́ло le plongeon.
— про-ны́р-а l'intrigant.
— у-ныр-ну́ть esquiver.

нес, нос,
porter.

— нес-ти́ porter.

⁓ в-*нес*-énie l'inscription.
⁓ воз-*нес*-énie l'ascension.
— до-*нес*-énie le rapport.

⁓ *нос*-ить porter.
— *нос*-и́льщикъ le portefaix.
⁓ *нóс*-кiй fort, durable.
— *нос*-и́лки le brancard.
⁓ *нос*-я́чiй le colporteur.
⁓ *нóш*-а la charge.
— *нóс*-ка le portage.
— *нош*-áкъ l'aide-maçon.
— в-*нóс*-ка l'insertion.
⁓ вз-*нос*-ъ le paiement.
⁓ вз-*нош*-énie la glorification.
⁓ вы́-*нос*-ка la note, le renvoi.
⁓ до-*нóс*-ъ la dénonciation.
— на-*нóс*-ъ l'alluvion.
— об-*нóс*-ъ la calomnie.
⁓ от-*нош*-énie la relation.
— пере-*нóщ*-икъ le rapporteur.
⁓ под-*нóс*-ъ le plateau.
— по-*нóс*-ъ la diarrhée.
⁓ по-*нош*-énie l'outrage.
— при-*нóс*-ъ le cadeau.
— про-*нóс*-ный purgatif.
— раз-*нóс*-ка le colportage.
⁓ с-*нос*-ъ le vol.

НИЗ,
bas, inférieur.

⁓ *низ*-ить abaisser.
⁓ *низ*-кiй bas.
⁓ *ниж*-нiй inférieur.
⁓ *низ*-ъ le bas.
— *ниж*-áйшiй très humble.
— *низ*-и́на le lieu bas.
— *низ*-овый d'aval.

— *низ*-шій inférieur, subalterne.
— у-*ниж*-éніе l'humiliation.

НИК, НИЦ,
baisser.

— *ник*-нуть se baisser.
— в-*ник*-áніе l'investigation.
у-*нич*-ижáть humilier.

— *ниц*-ъ à plat ventre.

НОВ,
nouveau.

— *нóв*-ый nouveau, neuf.
— *нов*-изнá la nouveauté.
— *нов*-úкъ le novice, le page.
— *нов*-инá la primeur.
— *нóв*-ость la nouvelle.
— *нов*-ь la terre vierge.
— *нов*-ѣть se renouveler.
— в-*нов*-ь derechef, de nouveau.
— об-*нóв*-а l'étrenne.

НОЖ,
couteau.

— *ножс*-ъ le couteau.
— *ножс*-нú le fourreau, la gaîne.
— *нóжс*-ницы les ciseaux.
— *ножс*-éвникъ le coutelier.
— *ножс*-нóвка l'élytre.

НОЗ, НОС,
nez, narine.

ноз-дря́ la narine.
ноз-рина le pore.
ноз-древáтый poreux.

нос-ъ le nez, la proue.

9

нос-о́къ le nez, le bec.
нос-ово́й nasal.
пере-но́с-ица la racine du nez.

норов, нрав,
caractère, mœurs.

норо́в-ъ l'habitude.
норов-и́ть épier l'occasion.
по-норо́в-ка l'indulgence.
при-норо́в-ка l'adaptation.
с-норо́в-ка le savoir faire, le tact.

нрав-ъ le caractère.
нра́в-иться plaire.
нра́в-ный capricieux.
нра́в-ственный moral.

ноч,
nuit.

ноч-ь la nuit.
ноч-но́й nocturne.
ноч-ева́ть passer la nuit.
ноч-ни́къ la veilleuse.
ноч-ни́ца la chauve-souris.
ноч-ёвье la couchée.

нуд,
nécessité.

ну́д-ить forcer.
нужд-а́ la nécessité.
ну́ж-никъ les lieux d'aisance.
ну́ж-ный nécessaire.
нуд-и́тельный obligatoire.
нужд-а́ться avoir besoin.
без-ну́ж-ный aisé.
не-ну́ж-ный inutile.
по-нужд-е́нie la contrainte.

ны,
affliction.

— ны-ть faire mal.
— из-ны-ва́ть s'affaiblir.
— у-ны́-лый triste.
— у-ны́-ние l'abattement.
— у-ны́-вный lugubre.

нѣг,
tendresse, délicatesse.

— нѣг-а la délicatesse.
— нѣж-ный tendre.
— нѣж-ить dorloter, gâter.
— нѣж-ничать être galant.
— раз-нѣж-ить attendrir.

нѣм,
muet.

— нѣм-о́й muet.
— нѣм-ецъ l'Allemand.
— нѣм-е́цкій allemand.
— нѣм-ѣ́ть devenir muet.
— нѣм-ота́ le mutisme.
— о-нѣм-ѣлый engourdi.

нюх,
flairer, sentir. (voy. вон).

— ню́х-ало le flair.
— ню́х-ать flairer.
— ню́х-альщикъ le priseur.
— ню́х-ательный qui se respire.
— вы́-нюх-ать consommer du tabac.
— об-ню́х-ать flairer.
— пере-ню́х-ать s'entendre.
— по-ню́х-ъ la prise de tabac.
— про-ню́х-ать avoir vent de.

O.

об.
autour.

— *об*-ъ autour.
— *об*-щій commun, général.
— *об*-щина la commune.
— *об*-щество la société.
— *об*-щественный public.
— раз-*об*-щать séparer, isoler.
— со-*об*-щникъ l'associé, le complice.
— со-*об*-щéніе la communication.
— со-*об*-щество la compagnie.

огн,
feu.

— *огóн*-ь la feu.
— *огн*-евикъ le silex.
— *огн*-евица la fièvre chaude.
— *огн*-енный igné, ardent.
— *огн*-ивица le briquet.
— *огн*-иво le fusil, le briquet.
— *огн*-ище le foyer, le brasier.

ок,
œil.

ок-о l'œil.
ок-но la fenêtre.
оч-ки les lunettes.
оч-ной oculaire.
оч-ковать greffer.
оч-ко le bouton, l'œil.
за-*оч*-ный absent.
без-*ок*-ій aveugle.

ос,
axe, pointe.

— *ос*-трить aiguiser.

— ос-треё la pointe, le tranchant.
— óс-трый tranchant, acéré.
— ос-тротá l'âcreté, la saillie.
— óс-трость le fil, la finesse.
— ос-трякъ le bel esprit.
— ос-ь l'axe, l'essieu.
— ос-á la guêpe.
— ос-ёлокъ la pierre à aiguiser.
— ос-ёлина la flèche.

ОТ,
paternité.

отéц-ъ le père.
отéч-ество la patrie.
óтч-ество le nom patronymique.
отéч-escкій paternel.
отц-óвскій paternel.
óтч-имъ le beau-père.
отéч-ественный natal.
óтч-е le pater.
óтч-ина le bien patrimonial.
со-óтч-ичъ le compatriote.

П.

пад,
tomber.

пád-ать tomber.
пад-ѣжъ l'épizootie.
пад-ежъ le cas (grammaire).
пад-унъ la chute d'eau.
пád-кій âpre, avide.
в-*пá*-лый creux, enfoncé.
зá-*пад*-ъ l'occident.
за-*пад*-ня le piége.
на-*пад*-éніе l'attaque.
на-*пád*-никъ l'agresseur.
от-*пад*-éніе l'abjuration.
при-*пád*-окъ l'accès.
пró-*па*-сть le précipice.
раз-*пад*-éніе l'écroulement.
у-*пá*-лый vacant.

пай, пой,
souder.

пáй-ка la soudure.
в-*пáй*-вать souder.
от-*пáй*-вать dessouder.
при-*пáй*-ка la soudure.

при-*пóй*
с-*пой* } la soudure.

пак,
sale, méchant.

пáк-ость le mal, le dommage.
пáк-остный vilain.
пáч-кать salir, souiller.
о-*пáк*-ій à l'envers.

— *пач*-ку́нъ le saligaud.
под-*па́к*-остить nuire.

пал, пел, пл, пол, пыл,
brûler.

— *пал*-и́ть brûler, faire feu.
— *пал*-и́тель l'incendiaire.
— *пал*-ьба́ le feu, la décharge.
— вос-*пал*-е́ніе l'inflammation.
— за-*па́л*-ъ la lumière (du canon).
— вы́-*пал*-ить brûler, tirer.
— за-*па́л*-ьчивый fougueux.
— рас-*пал*-е́ніе l'emportement.

— пе́-*пел*-ъ la cendre.
— пе-*пел*-и́ще les décombres.

— *пл*-а́мя la flamme.
— *пл*-а́менникъ le foyer.
— *пол*-е́но la bûche.

— *пыл*-ъ la flamme, l'ardeur.
— *пыл*-а́ть flamber.

пар,
vapeur.

— *пар*-ъ la vapeur.
— *пар*-ови́къ la chaudière.
— *пар*-ово́й fumé, saur.
— *па́р*-ильня l'étuve, le bain.
— из-*па́р*-ина la transpiration.
— ис-*пар*-е́ніе l'exhalaison.
— при-*па́р*-ка le cataplasme.
— *пар*-ово́зъ la locomotive.

пар, пер, пор, пр.
voler.

— *пар*-и́ть planer, prendre son essor.

— *пер*-ó la plume, la nageoire.
— *пер*-и́на le lit de plume.
— *пер*-и́ться se couvrir de plumes.
— *пер*-на́тый emplumé.
— *пер*-о́вникъ l'étui à plumes.
— *пер*-ово́й l'aile (du moulin).

— пр-á-*пор*-ъ le drapeau.
— пр-á-*пор*-щикъ l'enseigne, le porte-drapeau.

парх, перх, порх, порох, прах,
poussière.

— *парш*-ъ la gale.
— *парш*-и́вецъ le galeux.

— *перх*-а́ть tousser.
— *пе́рх*-оть la pellicule.
— *перх*-о́тина le crachat.

— *порх*-а́ть voltiger.
— *порх*-ну́ть s'envoler.

— *по́рох*-ъ la poudre.
— *порош*-и́ть couvrir de poussière.
— *порош*-и́на le grain de poudre.
— *порох*-овни́ца la poire à poudre.
— *поро́ш*-а la première neige.
— про-*порош*-и́ть poncer.

— *прах*-ъ la poussière.

пас,
faire paître.

— *пас*-ти́ faire paître.
— *пас*-ту́хъ } le berger, le pâtre.
— *па́с*-тырь }
— *пас*-тьба́ le pâturage.
— за-*па́с*-ъ la provision, la réserve.
— за-*па́с*-ная le cellier.

— за-*пáс*-чикъ le fournisseur.
— при-*пáс*-ъ la provision.

пах,
labourer.

— *пах*-áть labourer.
— *пáх*-арь le laboureur.
пáх-отный arable.
пах-áніе le labour.
пáш-ня le champ labouré.
пáш-енникъ le cultivateur.
— вы-*паш*-ъ le champ épuisé.
за-*пáш*-никъ la herse.
рас-*пах*-áть défricher.
— с-*пáш*-ка le labourage.

пах,
odeur, souffle.

— *пах*-ýчій odorant.
— *пах*-нýть souffler.
— *пáх*-нуть sentir.
пах-ýчесть le parfum.
— зá-*пах*-ъ le parfum.
о-*пах*-áло l'éventail.
о-*пах*-нýть éventer.
рас-*пах*-нýть ouvrir, écarter.
с-*пах*-нýть ôter en éventant.

пек,
cuisson, souci.

печ-ь le poêle, le four.
печ-ь cuire.
пéк-арь le boulanger.
печ-ёный cuit.
печ-éнье la pâtisserie.
печ-еньё le caillot.
пек-ъ la poix.

— *печ*-никъ le fumiste.
— *печ*-а́ль le chagrin, la tristesse.
— *пе́ч*-ень le foie.
— о-*пе́к*-а la tutelle.
— о-*пек*-у́нъ le tuteur.
— по-*печ*-е́ніе la sollicitude.
— рас-*пек*-а́ніе la mercuriale.
— по-*печ*-и́тель le curateur.

пер, пир, пор,
appui, effort.

в-*пер*-е́ніе l'insinuation.
со-*пе́р*-никъ le rival.
пер-и́ла la rampe, le parapet.

— за-*пир*-а́ть fermer.
за-*пи́р*-ка le verrou, le loquet.
от-*пир*-а́ть ouvrir.

за-*по́р*-ъ le verrou.
на-*по́р*-ъ l'attaque.
о-*по́р*-а le soutien.
от-*по́р*-ъ la résistance.
с-*пор*-ъ la dispute, la discussion.
у-*по́р*-ъ la résistance.
у-*по́р*-ный entêté, acharné.

перек, прек,
opposé.

пере́ч-ить contredire.
во-*прек*-и́ malgré.
по-*пр̆ек*-ъ le reproche.
у-*пр̆ек*-ъ le reproche.
по-*прек*-а́ть reprocher.

прет,
défense.

прет-и́ть défendre, menacer.
вос-*прещ*-е́ніе l'interdiction.

— за-*прёт*-ъ la défense, la saisie.
за-*прёт*-ный défendu, illicite.

пес, пис,
écrire, peindre.

— *пёс*-трый bigarré, bariolé.
пес-тру́ха la truite.

— *пис*-а́ть écrire, peindre.
пи́с-арь le greffier.
пис-а́тель l'écrivain.
пис-ьмо́ la lettre.
вы́-*пис*-ка l'extrait, l'abrégé.
за-*пи́с*-ки les mémoires, le journal.
на́д-*пис*-ь l'adresse.
пере-*пи́с*-ка la copie.
по́д-*пис*-ь la signature.
под-*пи́с*-ка la souscription.
пред-*пис*-а́ніе la prescription.
с-*пи́щ*-икъ le copiste.
пис-ьмя́ la lettre (de l'alphabet).

печат,
sceau, empreinte.

— *печа́т*-ь le cachet, l'impression.
печа́т-ня l'imprimerie.
печа́т-ать sceller, imprimer.
в-*печат*-лѣть cacheter, graver.
о-*печа́т*-ка la faute d'impression.
о-*печа́т*-ать mettre les scellés.
от-*печа́т*-окъ l'épreuve, le cachet.
при-*печа́т*-ать insérer.
рас-*печа́т*-ать décacheter.

пи, пой,
boire.

— *пи*-ть boire.
пи́-во la bière.

— *пь-*яница l'ivrogne.
— *пі-*явка la sangsue.
— *пь-*яный ivre, capiteux.
— *пи-*тьё la boisson.
— на-*пú-*ться se désaltérer.
— на-*пú-*токъ la boisson, la liqueur.

— *поú-*ть abreuver.
— *пóй-*ло l'abreuvage.
— *пóй-*мя le terrain couvert d'eau.
— на-*пóй-*ка la prise (de tabac).
— о-*по-*éніе l'empoisonnement.
от-*пóй* l'engraissage.
— по-*пóй-*ка la débauche, l'orgie.
у-*по-*éніе l'ivresse.

ПИЛ,
scie, lime.

— *пил-*á la scie.
— *пил-*úть scier, limer, tracasser.
— *пил-*икáть râcler.
— на-*пúл-*окъ la lime.
— о-*пúл-*ки la sciure, la limaille.
*пúл-*ьщикъ le scieur.

ПИН, ПН, ПОН, ПУ, ПЯ,
étendre, attacher.

*пин-*áть pousser avec le pied.
*пин-*óкъ le coup de pied.
за-*пин-*áніе l'obstacle.
рас-*пин-*áніе le crucifiement.

— *пн-*уть pousser avec le pied.

зá-*пон-*ъ le tablier.
пере-*пóн-*а la membrane.
— су-*пóн-*ь la courroie.

*пу-*тлó le lien, la corde.

*пя-*лить étendre.

— 143 —

раз-*пя́*-тіе le crucifix,
пя́-льцы le métier à broder.

пит,
nourriture.

— *пит*-а́ть nourrir.
— *пит*-о́мецъ l'élève.
— *пи́щ*-а la nourriture.
— *пит*-а́ніе la nutrition.
— *пит*-а́тельный nourrissant.
— *пит*-о́мникъ la pépinière.
— *пит*-о́мство la tutelle.
— вос-*пит*-а́ніе l'éducation.
— про-*пит*-а́ніе la subsistance.

плав, плов, плы,
nager, flotter.

— *пла́в*-ать nager, planer.
— *пла́в*-ить fondre.
— *пла́в*-атель le navigateur.
— *пла́в*-ка la fonte, la fusion.
— *плав*-ь la fonte blanche.
— за́-*плав*-ь le barrage.
— по-*плав*-о́къ la bouée, le flotteur.
— с-*пла́в*-ка l'alliage.

— *плов*-е́цъ le nageur.
— *плов*-у́чій flottant.

— *плы*-ть voguer, flotter.
— *плы*-ву́чій coulant, déliquescent.
— на-*плы́*-въ la bourbe.
— от-*плы́*-тіе le départ.
— по-*плы́*-ть mettre à la voile.

плак,
pleurer.

— *пла́к*-ать pleurer.
— *плач*-е́вный déplorable.

— плач-ъ les pleurs.
— плáк-атель le pleureur.
— плач-ливый pleureur.
— плáк-са le pleurnicheur.

плат,
payer.

— плат-и́ть payer.
— плат-ёжъ le paiement.
— плáт-а la paie.
плат-е́льщикъ le payer.
— плач-éнie le paiement.
без-плáт-ный gratuit.
вы́-плат-а la solde.
— за-плáт-а la récompense.
— от-плáт-а la revanche.

плат, плет, плот, полот,
entrelacer, tisser.

— плáт-ье l'habit.
— плат-óкъ le mouchoir.
— плащ-ъ le manteau.

— пле-сти́ tisser.
— плéт-ень la haie.
— плет-ь le fouet.
— плет-у́шка le panier.
— плет-ещёкъ la natte.
— пере-плéт-ъ la reliure.

— плóт-никъ le charpentier.
— плот-ъ le radeau.
— плот-и́на la digue.
— плóт-ный solide, robuste.
— за-плóт-а le bac, le radeau

— полот-нó la toile.
полот-éнце l'essuie-mains.

ПЛОД,
fruit.

— *плод*-ъ le fruit.
— *плод*-ущій fécond.
плож-éніе la multiplication.
— без-*плод*-іе la stérilité.
— на-*плод*-ить enfanter.
— рас-*плод*-ъ la reproduction.

ПЛОСК,
plat.

плоск-ій plat, plan.
площ-адь la place publique.
площ-áдка la plate-forme, le palier.

ПЛОТ,
chair.

— *плот*-ь la chair, le corps.
— *плот*-скóй charnel.
— *плот*-нѣть prendre de l'embonpoint.
— без-*плóт*-ный immatériel.
во-*площ*-éніе l'incarnation.

ПЛОХ,
mauvais.

— *плох*-óй mauvais.
— *плóх*-ость le mauvais état.
— *плош*-áть se tromper.
плош-инá l'étourdi.
— о-*плóх*-ъ la faute.
о-*плош*-áлый négligent.
с-*плóх*-а sans réflexion.

ПЛѢН, ПОЛОН,
captivité.

— *плѣн*-ъ la captivité.

плѣн-никъ le prisonnier.
— *плѣн*-ить faire prisonnier.
— *плѣн*-ный captif.
плѣн-итель l'enchanteur.

полон-ить faire prisonnier.
— *полон*-ъ la captivité.

ПОЛ,
moitié, sex.

— *пол*-овина la demie, la moitié.
— *пол*-ъ la moitié, le sexe.
— *пол*-овинка la pièce, le vantail.
— *пол*-овой sexuel.
— *пол*-тина le demi-rouble.
— *пол*-день midi.

ПОЛ,
champ.

пол-е le champ, le bord.
пол-евой champêtre.
—*пол*-яна les champs, la campagne.
пол-евать chasser dans les champs.
пол-ый découvert, vide.
пол-янка la clairière.
на-*пол*-ьный en campagne.

ПОЛК,
régiment.

— *полк*-ъ le régiment, la troupe.
— *полк*-овникъ le colonel.
— *полк*-овой régimentaire.
— *полч*-ище la grande masse de troupes.
— о-*полч*-ать armer, équiper.
— о-*полч*-еніе la milice.
— о-*полч*-енецъ le milicien.

полн,
plein.

- *пóлн*-ый plein.
- *полн*-ѣть se remplir.
- вы-*полн*-éніе l'exécution.
- вос-*пóлн*-ить compléter.
- до-*полн*-éніе le complément.
- ис-*пóлн*-ить réaliser, accomplir
- ис-*полн*-итель l'exécuteur.

порозъ, празъ,
vide.

порóж-ній vacant.
порóж-нить vider, évacuer.

- *прáз*-дный vide, oisif.
- *прáз*-дникъ le jour de fête.
прáз-дность l'oisiveté.
на-*прáс*-но en vain.
на-*прáз*-дная la femme enceinte.
ис-*прáж*-нéніе l'évacuation.
у-*пражс*-нáться s'exercer.
у-*прáз*-днéніе la suppression.

прав,
droit.

- *прáв*-о le droit.
- *прáв*-да la vérité.
прáв-ить diriger, gouverner.
прáв-ило la règle, le principe.
- *прав*-ило le gouvernail.
- *прáв*-ый droit, juste, innocent.
прав-ительство le gouvernement.
- *прáв*-ка l'épreuve.
прав-итель l'administrateur.
вы-*прав*-ка la correction.
ис-*прáв*-ный exact, correct.
на-*прав*-лéніе la direction.

10*

о-*пра́в*-а la garniture.
о-*прав*-да́тель le défenseur.
от-*пра́в*-ка la fonction.
пере-*пра́в*-а le passage.
рас-*пра́в*-а le tribunal, le châtiment.
с-*пра́в*-ка l'enquête, le renseignement.
с-*пра́в*-щикъ le correcteur.
у-*пра́в*-а la satisfaction.
у-*прав*-и́тель l'intendant.

прія,
amitié, agrément.

— *прія́*-тный agréable.
— *прія́*-тель l'ami.
— *прія́*-тность l'agrément.
— *прія́*-знь l'amitié.
— *прія́*-тельскій amical.
— не-*прія́*-знь la haine.
— не-*прія́*-тель l'ennemi.

прос,
demande, prière.

— *прос*-и́ть prier.
— *про́с*-ьба la prière.
— *про́с*-итель le solliciteur.
— *прош*-а́къ le mendiant.
— во-*про́с*-ъ la question.
— до-*про́с*-ъ l'interrogatoire.
— рас-*про́с*-ъ l'enquête.
— с-*прос*-и́ть demander.
— с-*прос*-ъ la permission.

прост,
simplicité, pardon.

— *прост*-о́й simple.

— *прост*-ить pardonner.
прощ-áться prendre congé.
прост-овáтый niais, sot.
— *прощ*-áніе l'adieu, le congé.
— *прощ*-éніе le pardon.
— *прост*-отá la simplicité.

пруг, пряг,
atteler, attacher, tendre, sauter.

пруж-ить tendre.
пруж-ина le ressort.
— *пруг*-и les sauterelles.
су-*пруг*-ъ l'époux.
— у-*пруг*-ій élastique.

— *пря*-чь atteler.
пряж-ка la boucle.
на-*пряж*-éніе l'effort, la tension.
ý-*пряж*-ь les harnais.

прыг,
sauter.

— *прыг*-ать sauter, bondir.
прыж-óкъ le bond.
прыг-ýнчикъ la sauterelle.

прыск,
jaillir.

— *прыск*-ать asperger, arroser.
прыск-ъ l'arrosoir.
прыск-алка la brosse, le goupillon.
— *прыщ*-ъ le bouton, la pustule.
прыщ-евѣть bourgeonner.
нá-*прыск*-ъ la marbrure.
óт-*прыск*-ъ le rejeton.

пряд,
fil.

— *пряд*-ь le fil.

╲ *пряд*-иво la quenouillée.
пряд-и́льня la filature.
— *пряж*-а le fil.
— *пря́*-лка la quenouille.
пря-сть filer.
пряд-и́льщикъ le fileur.

╱ прям,
droit.

— *прям*-о́й droit.
— *прям*-и́ть redresser.
— *прям*-ина́ l'horizontale.
— *прям*-ь la ligne droite.
прям-изна́ la rectitude.
с-*прям*-и́ть redresser.
у-*пря́м*-ецъ l'entêté.
у-*пря́м*-ый obstiné, têtu.

╱ пт,
oiseau.

— *пт*-а́ха ⎫
— *пт*-ица ⎭ l'oiseau.
— *пт*-е́нецъ l'enfant.
╲ *пт*-ичій d'oiseau.
— *пт*-и́чникъ la volière.

пуг,
✗ effroi.

— *пуг*-ало l'épouvantail.
пуг-ли́вый craintif.
— *пуг*-ну́ть épouvanter.
— ис-*пу́г*-ъ l'effroi.
ис-*пуг*-а́ть effrayer.
⌢ от-*пуг*-ну́ть effaroucher.

пуз, ✗
vessie, enflure.

— *пуз*-о la panse.

пуз-ырь la vessie, la bulle.
пуз-а́тый ventru.
пуз-ырёкъ la fiole.
пуз-а́нъ le ventru,
пуз-ы́риться s'enfler.

пуск,
laisser aller.

пуск-а́ть laisser aller, lancer.
вы́-пуск-ъ la permission de sortir.
вы́-пущ-еніе l'élargissement.
до́-пуск-ъ l'accès.
до-пущ-е́ніе l'admission, la tolérance.
за-пущ-е́ніе la négligence.
на́-пуск-ъ l'attaque vive.
о-пущ-е́ніе l'émission.
о́т-пуск-ъ le congé.
от-пу́щ-енникъ l'affranchi.
по-пущ-е́ніе la permission.
при-пу́щ-енникъ l'associé.
про́-пуск-ъ le passeport.
про-пуск-но́й le papier à filtrer.
рас-пуск-а́ніе le licenciement.
рас-пу́щ-енность le libertinage.
с-пуск-ъ le pardon.

пуст,
vide.

пуст-о́й vide.
пуст-ы́ня le désert.
пу́ст-ошь la lande.
пуст-ота́ le vide.
пуст-я́къ la bagatelle.
пуст-ы́нникъ l'ermite.
пу́ст-ыня l'ermitage.
пуст-ы́шка la bagatelle.
пуст-я́чный vain, futile, nul.

за-*пуст*-ѣлый dépeuplé.
о-*пуст*-ошéніе le ravage.

ПУТ,
chemin.

— *пут*-ь le chemin.
— *пут*-éвникъ l'itinéraire.
— *пут*-ина le trajet par eau.
— *пýт*-никъ le voyageur.
— без-*пýт*-никъ le débauché.
— за-*пýт*-никъ le traqueur.
— на-*пýт*-ствіе le viatique.
— по-*пýт*-никъ le compagnon de voyage.
— рас-*пýт*-іе le carrefour.
— раз-*пýт*-ный déréglé, dissolu.
— со-*пýт*-ствовать accompagner.
— с-*пýт*-никъ le compagnon de voyage.

ПУХ, ПЫХ,
duvet, poil, enflure.

— *пух*-ъ le duvet, le poil.
— *пух*-овикъ le lit de plume.
— *пуш*-ить garnir de fourrure.
— *пýх*-нуть s'enfler.
— *пуш*-ь la fourrure, le duvet.
— вы-*пуш*-ка le passepoil.
— ó-*пух*-оль l'enflure, la tumeur.
— о-*пýш*-ка la garniture, la lisière.
— под-*пýш*-ка la doublure.

— *пых*-а l'orgueil.
— *пых*-тѣть haleter, bouder.
— *пыш*-áть souffler, flamber.
— *пыш*-ка le crêpe.
— *пыш*-ный somptueux, pompeux.
— *пыщ*-ить enfler, gonfler.

— за-*пых*-а́ться s'essouffler.
— на-*пы́щ*-енный emphatique.

ПЫТ,
essai, tentative.

— *пыт*-а́ть essayer, questionner.
— *пы́т*-ка la torture, le question.
пы́т-ливый scrutateur.
ис-*пыт*-а́ніе l'examen.
до-*пы́т*-ливый curieux.
— о́-*пыт*-ъ l'essai.
по-*пы́т*-ка la tentation.

ПЯТ,
talon.

— *пя́т*-а le talon.
— *пя́т*-ный de talon.
— *пя́т*-ить reculer, se dédire.
— за-*пя́т*-окъ le talon.
— о-*пя́т*-ь de nouveau.
— на-*пя́т*-ка la rétractation.
— под-*пя́т*-ка la crapaudine.

Р.

раб, реб,
travail, enfance, servitude.

раб-о́тать travailler.
раб-о́та le travail.
раб-о́тникъ l'ouvrier.
раб-о́чій ouvrier, ouvrable.
раб-ъ l'esclave.
ра́б-скій servile, bas.
ра́б-ство la servitude.
об-*раб*-о́тка la culture.

реб-ёнокъ l'enfant.
реб-ячество l'enfance.

равн, ровн,
égalité.

равн-я́ть égaler, comparer.
ра́вн-ый égal.
равн-и́на la plaine.
равн-ота́ l'égalité.
с-*равн*-е́ніе la comparaison.
у-*равн*-и́тель le régulateur.

ро́вн-ый égal, facile.
в-*ро́вен*-ь à fleur de.
у́-*ровен*-ь le niveau.

рад,
joie.

ра́д-ость la joie.
ра́д-оваться se réjouir.
рад-у́шный cordial.

рад,
soin.

рад-ѣть avoir soin de.
от-*ра́д*-а la consolation.

под-*рад*-ѣть obliger.
рад-ивый soigneux, assidu.

раз,
coup, empreinte.

— *раз*-ить frapper (une médaille).
— *раз*-ъ la fois.
— воз-*раж*-éніе l'objection.
— вооб-*раж*-éніе l'imagination.
безоб-*ра́з*-іе le scandale.
вы-*раж*-éніе l'expression.
за-*ра́з*-а l'épidémie.
об-*раз*-ъ l'image.
— об-*раз*-éцъ l'exemple.
об-*раз*-ная l'oratoire.
об-*раз*-ователь l'organisateur.
об-*ра́з*-чикъ l'échantillon.
от-*раж*-éніе la répercussion.
— под-*раж*-áніе l'imitation.
по-*раж*-éніе la défaite.
— с-*раж*-éніе le combat.
сооб-*раж*-éніе la considération.
— у-*ра́з*-ина le gourdin.
у-*ра́з*-ъ la contusion.

раз, роз,
différence.

— *ра́з*-ный différent.
— *ра́з*-ница la différence.

роз-нь la différence.
ро́з-ный dépareillé.
ро́з-ничный de détail.

ран,
matin.

— *ра́н*-о de bonne heure.
— *ра́н*-ь le grand matin.

— *рáн*-ній matinal.
— за-*рáн*-ѣе de grand matin.

ран,
blessure.

— *рáн*-а la blessure.
— *рáн*-еный blessé.
— *рáн*-ить blesser.
— *рáн*-ный de blessure.

раст, рост,
croissance.

— *раст*-и́ croître.
раст-и́тельность la végétation.
— *раст*-и́ть laisser croître.
во́з-*раст*-ъ l'âge.
воз-*ращ*-áть élever.
— о́т-*рас*-ль le rejeton, la branche.
— *раст*-éніе la plante.
с-*раст*-áніе l'adhérence.

— *рост*-ъ la taille.
— *рóщ*-а le bosquet.
рост-и́ться germer.
— *рост*-óкъ le bourgeon.
рост-о́вщи́къ l'usurier.
— в-*рост*-óкъ l'excroissance.
— зá-*рос*-ль les mauvaises herbes.
— под-*рóст*-ъ les pousses (des arbres).
— по́-*рос*-ль la plante.
— по́-*рост*-ъ l'algue.
— у-*рóс*-лый adulte.

рат,
armée.

— *рат*-ь l'armée, les troupes.
рáт-никъ le guerrier, le soldat.

— *рáт*-ный guerrier, militaire.
— *рáт*-овать faire la guerre.
— *рáт*-ай le guerrier, le laboureur.
со-*рáт*-никъ le compagnon d'armes.

рв, рыв,
arracher.

— *рв*-ать arracher.
— *рв*-óта le vomissement.
— *рв*-анýть tirer.
— *рв*-éніе le zèle, l'élan.
— *рв*-óтное le vomitif.
— обо-*рв*-áнецъ l'homme dégueuillé.
— прó-*рв*-а l'abîme, la crevasse.
— со-*рв*-анéцъ le vaurien.
— на-*рыв*-ъ l'abcès, l'ulcère.
— от-*рыв*-ъ l'escarpement.
— под-*рыв*-ъ le dommage, le tort.
— по-*рыв*-ъ l'élan, le transport.
— раз-*рыв*-ъ la rupture, la solution.
— у-*рыв*-ка le loisir.

ревн,
zèle, jalousie.

рéвн-ость le zèle, la jalousie.
ревн-ивый jaloux.
ревн-итель le zélateur.
рéвн-остный zélé.
ревн-ивецъ le jaloux.
со-*ревн*-овáніе l'émulation.
со-*ревн*-овáтель le rival.

рек, рок, рѣк,
terme, parole.

— *реч*-éніе la locution.
— *реч*-ь parler, dire.
— из-*реч*-éніе la sentence.

— на-*рек*-а́ніе le reproche.
— на-*реч*-е́ніе la nomination.
— об-*рек*-а́ть vouer, condamner.

— *рок*-ъ le sort, le destin.
— *рок*-ово́й fatal.
— на-*ро́к*-ъ le terme.
— на-*ро́ч*-но à dessein, exprès.
за-*ро́к*-ъ le serment.
по-*ро́к*-ъ le vice.
— про-*ро́к*-ъ le prophète.
— с-*рок*-ъ l'échéance.
у-*ро́к*-ъ la leçon, la tâche.

— *рѣч*-ь le discours.
— *рѣч*-и́стый éloquent.

ров, ры, creuser.

— *ров*-ъ le fossé.
— *ры*-ть creuser.
— *ры́*-ло le groin, le museau.
ры́-льце le bec (d'un vase).
ры-твина le ravin.
— *ры́*-тіе la fouille.
в-*ры́*-тіе l'enfouissement.
на-*ры́*-льникъ la muselière.
с-*ры́*-тіе l'aplanissement des déblais.

рог, corne.

— *рог*-ъ la corne, le cor.
— *рог*-а́тина l'épieu.
- *рог*-а́тка le cheval de frise.
— *рог*-а́чь le cerf-volant.
— *рож*-ёкъ le cornet.
— *рож*-ёнъ le pieu.
— *рож*-нецъ la fourche de bois.
— от-*ро́г*-ъ l'embranchement.

род, génération, naissance.

- *род*-и́ть engendrer.
- *ро́д*-ина le pays natal.
- *род*-и́тели les parents.
- *род*-ни́къ la source.
- *род*-но́й propre, parent.
- *род*-ство́ la parenté.
- *род*-ъ la race.
- *род*-и́льница l'accouchée.
- *род*-и́ны les couches.
- *ро́д*-ичъ le parent.
- *ро́д*-ный gros, fort.
- *род*-и́льня la maison d'accouchement.
- *род*-и́мый natal.
- *род*-ово́й patrimonial.
- *ро́д*-ы les couches.
- *рожд*-е́ніе la naissance.
- *рож*-е́ница l'accouchée.
- воз-*рожд*-е́ніе la régénération.
- в-*рожд*-е́нный inné.
- вы-*рожд*-е́ніе la dégénérescence.
- за-*род*-ышъ le fœtus, le germe.
- за-*рожд*-е́ніе la conception.
- на-*ро́д*-ъ le peuple.
- на-*рожд*-е́ніе la naissance.
- от-*ро́д*-ье l'engeance, la race.
- от-*ро́д*-окъ le rejeton.
- от-*рожд*-е́ніе la renaissance.
- по-*ро́д*-а la naissance, la race.
- при-*ро́д*-а la nature.
- с-*род*-ство́ la parenté, l'alliance.
- с-*ро́д*-никъ le parent.
- с-*ро́д*-ный naturel, propre.
- у-*ро́д*-ъ le monstre.
- у-*ро́д*-ливый monstrueux.
- не-*ро́д*-ъ la mauvaise récolte.

— у-*рож*-áй la bonne récolte.
— у-*рожд*-éнный né.
— у-*рож*-éнецъ natif, originaire.

руб,
couper.

— *руб*-и́ть couper.
— *рýб*-ка la coupe.
— *рýб*-éцъ la cicatrice.
рýб-ище les haillons.
— *руб*-áка le bretteur.
руб-éжъ la limite.
руб-цы́ les tripes.
руб-чáтый cannelé, rayé.
вы́-*руб*-ъ l'entaille.
за-*руб*-и́ть fendre.
об-*рýб*-окъ le tronc, le billot.
прó-*руб*-ь la trouée, le trou.
раз-*руб*-и́ть dépecer.
с-*рýб*-ъ la cage, la charpente.

ряб,
bigarrer.

— *ряб*-ь les rides.
— *ряб*-ѣть se rider.
— *ряб*-óй grêlé, ridé, tacheté.
— *ряб*-éцъ la truite.
— *ряб*-и́на le sorbier.
— *ряб*-ка la perdrix.
— *ряб*-чикъ la gélinotte, le pékin.
— за-*ряб*-и́ть sillonner, rider.
— по-*ряб*-ѣлый grêlé.

рук,
main, bras.

рук-á le bras, la main. —
рук-áвъ la manche. —
руч-ни́къ l'essuie-mains. —

11

— *рук*-а́вица la mitaine.
— *руч*-а́ться garantir, répondre.
— *ру́ч*-ка l'anse.
— *руч*-но́й de main, apprivoisé.
— *руч*-ня́ la poignée.
— в-*руч*-а́ть remettre, livrer.
— в-*руч*-и́тель le porteur.
— за-*рук*-а́вье le bracelet.
— за-*ру́ч*-ины les fiançailles.
— за-*руч*-и́тель le soussigné.
— за-*ру́ч*-ный signé.
— на́-*руч*-ень le bracelet.
— об-*руч*-а́ть fiancer.
— об-*руч*-е́нникъ le fiancé.
— о́б-*руч*-ъ le cercle, le bracelet.
— об-*ру́ч*-никъ le tonnelier.
— под-*ру́ч*-никъ l'assistant, l'aide.
— по-*ру́к*-а la caution.
— по-*руч*-а́тель le commettant.
— по-*руч*-е́ніе la commission.
— по́-*руч*-ень la rampe.
— с-*ру́ч*-ный aisé, commode.

рух, рых, ✔
friable, meuble.

— *ру́х*-лый friable, cassant.
— *рух*-ля́къ la marne.
— *ру́х*-нуть s'écrouler.
— *ру́ш*-ить renverser, abattre.
— *руш*-и́тель le destructeur.
— *ру́ш*-ать couper, moudre.
— об-*ру́ш*-ина l'éboulement.
— про-*ру́х*-а la faute, la bévue.
— раз-*руш*-е́ніе la destruction.

— *ры́х*-лый poreux, friable.
— *ры́х*-лить ameublir.

рыс,
trot.

рыс-ь le trot.
рыс-áкъ le trotteur.
ры́с-кать trotter.
рыс-кýнъ le rôdeur.
рыс-къ la course.
за-ры́с-каться mener une vie dissipée.

рѣд,
rareté.

— рѣд-кій rare, clair.
— рѣд-ѣть s'éclaircir.
— рѣд-кость la rareté, l'objet rare.
— рѣд-нина la toile claire.
— рѣд-ыль la claire-voie.
рѣж-а le filet à larges mailles.
раз-рѣж-éніе la raréfaction.

рѣз,
couper.

— рѣз-ать couper, égorger.
— рѣз-áкъ le couperet.
— рѣз-ань la plus petite monnaie.
— рѣз-éцъ le ciseau.
рѣз-кій âpre, acerbe.
рѣз-ница l'abattoir.
рѣз-нóй sculpté, gravé.
— рѣз-ня́ le carnage.
— рѣз-ь les coliques.
рѣз-ьбá la sculpture, la gravure.
рѣз-вый vif, pétulant.
— рѣз-виться folâtrer.
в-рѣз-нóй enchassé.
вы-рѣз-окъ le secteur.
за-рѣз-ка l'entaille.

на-*рѣз*-ной rayé.
об-*рѣз*-анецъ le circoncis.
— об-*рѣз*-ъ la tranche.
под-*рѣз*-ъ le fer du patin.
по-*рѣз*-ъ la blessure.
про-*рѣз*-ной évidé.
раз-*рѣз*-ъ la fente, le profil.

рѣт,
trouver.

— вст-*рѣч*-а la rencontre.
— вст-*рѣт*-ить rencontrer.
— с-*рѣт*-ать accueillir.
— об-*рѣт*-еніе la découverte.
— с-*рѣт*-еніе la rencontre.

рѣш,
décider.

— рѣш-а́ть résoudre, décider.
— рѣш-е́ніе la décision, l'arrêt.
—. рѣш-и́мость la résolution.
рѣш-и́тельный décidé, résolu.
не-*рѣш*-и́мый insoluble.
не-*рѣш*-и́тельный irrésolu.
от-*рѣш*-е́ніе la destitution.
от-*рѣш*-а́емый amovible.
раз-*рѣш*-е́ніе la solution.

ряд,
rang, ordre.

— *ряд*-ъ le rang, la file.
— *ряд*-а le contrat, l'accord.
— *ряд*-ить louer, engager.
— *ряд*-овой le simple soldat.
ряд-ная l'inventaire.
за-*ряд*-ъ la charge.
на-*ряд*-ъ la parure, le costume.

об-*ряд*-никъ le cérémonial.
об-*ряд*-ъ la cérémonie, l'ordre.
от-*ряд*-ъ le détachement.
под-*ряд*-ъ l'entreprise.
по-*ряд*-окъ l'ordre, la forme.
раз-*ряд*-ъ la décharge.
у-*ряд*-никъ le sous-officier.

C.

сад, сед, сид, сѣд, сяд,
asseoir, établir, planter.

— *сад*-ъ le jardin.
— *сад*-итель le planteur.
— *са*-ло la graisse, le résidu.
— *саж*-а la suie.
— *сад*-овникъ le jardinier.
— в-*сад*-никъ le cavalier.
— за-*сад*-а l'embuscade.
— над-*сад*-а l'effort.
— о-*сад*-а le siége (d'une place forte).
— по-*сад*-никъ le maire.
— по-*сад*-ъ le bourg.
— у-*сад*-ьба la métairie.

— *се*-ло le village.
— *се*-лить coloniser, peupler.
— *се*-льскій champêtre.
— на-*се*-леніе la population.
— по-*се*-леніе la colonie.
— при-*сё*-локъ le hameau.
— по-*се*-лянинъ le villageois.

— *сид*-ѣть être assis.
— *сид*-ѣлка la garde-malade.
— *сид*-ѣнье le siége (pour s'asseoir).
— *сид*-ячій sédentaire.
— по-*сид*-ѣлка la veillée.

— *сѣд*-ло la selle.
— *сѣ*-сть être assis.
— *сѣд*-ѣлка la sellette.
— *сѣд*-лать seller.
— за-*сѣд*-аніе la séance.
— за-*сѣд*-атель l'assesseur.
— на*сѣд*-ъ le germe.
— о-*сѣд*-лость le domicile fixe.
— пере-*сѣд*-ина la crevasse (aux pieds des chevaux).

— под-*сѣд*-ина la bleime.
— по-*сѣ*-стъ la couvée.
— пред-*сѣд*-átель le président.
— при-*сѣд*-áніе la révérence.
— со-*сѣд*-ъ le voisin.
— *сѣд*-óкъ le cavalier.

— *сяд*-ý je m'assieds.

сан,
dignité.

— *сан*-óвникъ le dignitaire.
— *сан*-ъ la dignité.
— *сан*-овитый majestueux.
— о-*сáн*-ка le maintien.

свад, сват,
mariage.

свáд-ьба le mariage.
свá-ха la marieuse.

свáт-ать rechercher en mariage.
свáт-ъ le parent.
свáт-ья la parenté.
за-*свáт*-ать fiancer.

сви,
sifflement.

— *сви*-рѣль le chalumeau.
— *сви*-стáть siffler.
— *сви*-стóкъ le sifflet.
— *сви*-стъ le sifflement.
— *сви*-стýлька l'appeau.
— *сви*-стýнъ le siffleur.
— пó-*сви*-стъ le sifflement.

своб, слоб,
liberté.

— своб-óда la liberté.
— своб-óдный libre, franc.
— своб-óдность le loisir.
о-своб-одúтель le libérateur.
о-своб-ождéнникъ l'affranchi.

— слоб-óда le faubourg (quartier franc).
слоб-ожáнинъ l'habitant du faubourg.
— слоб-óдскiй de faubourg.

свой,
propriété.

— свой son, le sien.
— свой-ственникъ le parent.
— свой-ственный naturel, propre.
— свой-ствó la parenté.
— свóй-ство la propriété.
— при-свóй-тель l'usurpateur.

свѣж,
fraîcheur.

— свѣж-iй frais.
— свѣж-ить rafraîchir.
— свѣж-ина la viande fraîche.
свѣж-евáть écorcher, nettoyer.

свѣт,
lumière, monde.

— свѣт-úть éclairer, luire.
— свѣт-úло l'astre.
— свѣч-никъ le chandelier.
— свѣт-ъ la lumière, le monde.
свѣч-á la bougie, la chandelle.
— свѣт-скiй séculier, mondain.

— *свѣт-и́льникъ* la lampe.
— *свѣт-лый* clair, lumineux.
— *свѣт-лякъ* le ver luisant.
   свѣт-о́чъ la torche, le flambeau
— о-*свѣщ*-е́ніе l'illumination.
   о́т-*свѣт-*ъ le reflet.
   про-*свѣщ*-е́ніе la civilisation.
— раз-*свѣт*-ъ le point du jour.

СВЯТ,
saint, sacré.

— *свят-*и́ть sanctifier.
— *свят-*о́й saint.
— *свят-*и́тель le prélat.
— *свящ-*е́нникъ le prêtre.
— *свят-*о́ша le tartufe.
— *свящ-*е́ніе la consécration.
— о-*свящ-*е́ніе l'inauguration.

серд, серед, сред,
centre, milieu, cœur.

— *се́рд-*це le cœur.
— *серд-*е́чникъ la cheville ouvrière.
— *серд-*е́чный cordial, sincère.
— *серд-*и́ть irriter, fâcher.
— *серд-*цеви́на le cœur, la moelle.
— пред-*се́рд-*іе l'oreillette.
— у-*се́рд-*іе le zèle, la ferveur.

— *серед-*а́ le mercredi.
— *серёд-*ка le milieu.

— *сре́д-*ство le moyen, la ressource.
— *сред-*и́нникъ le plateau.
— *сре́д-*ній moyen, neutre.
— *сре́д-*ственный médiocre.
— по-*сре́д-*никъ l'arbitre.
— по-*сре́д-*ство l'entremise.
— *сред-*а́ le milieu.

сил,
force.

— *сил*-а la force.
— *сил*-ьный fort.
— *сил*-иться s'efforcer.
— *сил*-áчъ l'athlète.
— на-*сил*-іе la violence.
— у-*сил*-іе l'effort.
— у-*сил*-ьный pressant.

син,
bleu.

— *син*-ій bleu foncé.
— *син*-евá la meurtrissure, l'ecchymose.
— *син*-ить teindre en bleu.
— *син*-ица la mésange.
— *син*-ь le bleu, l'azur.
— *син*-ѣть devenir bleu.
— *син*-якъ la meurtrissure, l'ecchymose.

сип,
enrouement.

— *сип*-лый enroué.
— *сип*-ль le hanneton.
— *сип*-нуть s'enrouer.
— *сип*-óвка le chalumeau.
— *сип*-отá l'enrouement.

скак, скок,
saut, bond.

— *скак*-áть sauter, gambader.
— *скач*-ъ le galop.
— *скак*-овóй de course.
— *скак*-ýнъ le sauteur, le coureur.
— *скáч*-ка la course de chevaux.

— 172 —

— скоч-и́ть sauter, galoper.
— скоч-ъ le saut, le bond.
— скоч-ёкъ le soubresaut.
— вы́-скоч-ка le parvenu.

скорб,
souci, injure.

— скорб-ь le chagrin.
— ско́рб-ный triste.
— скорб-ѣть être affligé.
— скорб-ящій le malheureux.
— о-скорб-ле́ніе l'offense.
— при-ско́рб-іе le regret.

скрип,
grincer.

— скрип-ъ le grincement.
— скри́п-ка le violon.
— скрип-а́чъ le violoniste.
— скрип-ня́ le cri.
— скри́п-нуть craquer.

скук,
ennui.

— ску́к-а l'ennui.
— скуч-а́ть s'ennuyer.
— скуч-ливый porté à l'ennui.
— ску́ч-ный ennuyeux.

сл, сол, сыл, шл,
envoyer.

сл-ать envoyer.
по-сл-а́ніе le message.
по-сл-а́нникъ l'ambassadeur.
со-сл-а́ніе le bannissement.
по-сл-а́нецъ l'envoyé.

— 173 —

по-*со́л*-ъ l'ambassadeur.
по-*со́л*-ьство l'ambassade.

вы-*сы́л*-ка l'exil, l'envoi.
за-*сы́л*-ьщикъ l'expéditeur.
под-*сы́л*-ьщикъ l'envoyé secret.
по-*сыл*-а́ніе la mission.
раз-*сы́л*-ьный le commissionnaire.
с-*сы́л*-ка la citation.
с-*сы́л*-очникъ le déporté, l'exilé.

слаб, faiblesse.

— *сла́б*-кій faible.
— *слаб*-ѣть s'affaiblir.
— *сла́б*-ить purger.
— *сла́б*-ость la faiblesse.
— *слаб*-и́тельный purgatif.
— *сла́б*-кій lâche, faible.
— о-*сла́б*-а le soulagement.
— о-*слаб*-ле́ніе le relâchement.
— о-*слаб*-ѣва́ніе l'affaissement.
— по-*слаб*-ле́ніе l'indulgence.
— раз-*слаб*-ле́ніе la paralysie.
— раз-*слаб*-ѣ́ніе la prostration.

слав, слов, слу, слы, entendre, bruit.

— *сла́в*-а la gloire.
— *сла́в*-ить célébrer.
— *сла́в*-ный célèbre, excellent.
без-*сла́в*-іе l'infamie.
о-*сла́в*-ить diffamer.
раз-*слав*-ле́ніе la divulgation.

— *сло́в*-о le mot.
— *слов*-а́рь le dictionnaire.
слов-е́сный verbal, oral.
без-*сло́в*-ный silencieux, muet.

по-*слов*-ница le proverbe.
со-*слов*-іе le corps, la caste.
со-*слов*-ъ le synonyme.
у-*слов*-іе la condition.

слу-хъ l'ouïe, le bruit.
— *слу́*-шать entendre.
— *слу́*-шатель l'auditeur.
не́-*слу*-хъ le désobéissant.
о-*слу́*-шность la désobéissance.
по́-*слу́*-хъ le témoin.
по-*слу́*-шникъ le novice.

— *слы*-ха́ть entendre dire.
слы́-шный entendu.
на-*слы́*-шка l'ouï-dire.
на-*слы́*-шный léger.
не-*слы́*-ханный inouï.

слад, солод,
douceur.

сла́д-кій doux.
слад-и́ть adoucir.
сла-сть la douceur.
на-*слажд*-е́ніе ⎫
у-*сла́д*-а ⎭ la jouissance.

солод-ко́вый sucré.
со́лод-ъ le malt.
солож-е́ніе le maltage.

слн,
visqueux, glissant.

сли́-на la salive, la bave.
сли́-нить baver.
сли́-нистый baveux.
сли́-зкій glissant, visqueux.
сли́-зень la limace.
сли-зня́къ le mollusque.
сли-зь la mucosité.

слуг,
serviteur.

слуг-а́ le serviteur.
слу́ж-ба le service.
служ-и́ть servir.
служ-е́бный de service.
служ-е́бникъ le missel.
служ-ивой le soldat.
служ-и́лый qui a servi.
слу́ж-ка le tire-bottes.
вы-*слуг*-а le service.
под-*слу́ж*-ливый complaisant.
по-*слу́г*-а le service.
за-*слу́г*-а le mérite.
при-*слу́г*-а les domestiques.
со-*слу́ж*-ивецъ le collègue.
у-*служ*-е́ніе le service, la condition.
у-*слу́г*-а le service.
у-*слу́ж*-ливость l'obligeance.

слѣд,
suite, trace.

слѣд-ъ la trace, la conséquence.
слѣд-овать convenir.
слѣд-ствіе la suite, l'enquête.
на-*слѣд*-никъ l'héritier.
на-*слѣд*-іе l'héritage.
из-*слѣд*-ованіе l'exploration.
о-*слѣд*-ить poursuivre.
по-*слѣд*-ній dernier.
по-*слѣд*-ствіе la conséquence.
по-*слѣд*-ователь le partisan.
по-*слѣд*-ышъ le dernier-né.

слѣп,
aveugle.

слѣп-о́й aveugle.

— *слѣп*-отá la cécité.
— о-*слѣп*-лéніе l'aveuglement.
— *слѣп*-ышъ la taupe.
— за-*слѣп*-ить éblouir.

смерд, смород, смрад,
puanteur.

— *смерд*-ъ le manant.
— *смерд*-ѣть puer.
— *смóрод*-ъ l'odeur de brûlé.
— *смород*-ина la groseille.
— *смрáд*-ить empester.
— *смрáд*-ный fétide, infect.
— *смрад*-ъ la puanteur.

смол,
poix, goudron.

— *смол*-á la résine, le goudron.
— *смол*-ить goudronner.
— *смол*-истый résineux.
— *смол*-евóй goudronné.
— *смóл*-ка le goudronnage.

смотр,
regarder.

— *смотр*-ѣть regarder.
— *смотр*-ъ la revue (des troupes).
смотр-итель le surveillant.
смотр-ильщикъ le spectateur.
до-*смóтр*-щикъ le visiteur.
до-*смóтр*-ъ l'inspection.
— под-*смóтр*-щикъ le surveillant.
про-*смóтр*-ъ l'examen.
о-*смóтр*-ъ la revue, la visite.
о-*смотр*-ѣніе la prudence.
пере-*смóтр*-ъ la révision.
под-*смóтр*-ъ l'espionnage.

при-*смо́тр*-ъ la surveillance.
пере-*смо́тр*-щикъ l'examinateur.

СМѢ,
rire.

смѣ-я́ться rire.
смѣ-хъ le rire.
смѣ-шно́й ridicule, risible.
смѣ-ши́ть faire rire.
смѣ-шни́къ le plaisant.
на-*смѣ*-шка la raillerie.
о-*смѣ*-иватель le railleur.
пере-*смѣ*-шка le persiflage.
по-*смѣ*-ющце l'objet de risée.
по-*смѣ*-я́ніе la moquerie.
у-*смѣ*-шка le sourire.

СМѢ,
audace.

смѣ-лый audacieux.
смѣ-лость l'audace.
смѣ-ть oser.
смѣ-льча́къ le téméraire.

СН, СОН, СОП, СП, СЫП,
sommeil.

за-*сн*-у́ть s'endormir.
про-*сн*-у́ться s'éveiller.
у-*сн*-у́ть mourir.
сн-и́ться rêver.

сон-ъ le sommeil, le songe.
сон-ли́вый somnolent.
со́н-ный endormi.
со́н-я le dormeur, le loir.

соп-ѣ́ть ronfler.
соп-у́нъ le ronfleur.
у-*со́п*-шій mort, défunt.

— *сп*-ать dormir.
   сп-а́льня la chambre à coucher.
   сп-я́чка la léthargie.
   у-*сп*-е́ніе le trépas, l'assomption.

— у-*сып*-а́льня le tombeau.
   у-*сып*-и́тельный narcotique.
— у-*сып*-ле́ніе l'assoupissement.

снов, сну,
fonder, ourdir.

— *снов*-а́ть ourdir.
   снов-а́лка l'ourdissoir.
— о-*снов*-а le principe, la base.
   о-*снов*-а́тель le fondateur.
— о-*снов*-а́ніе le fondement.
   о-*снов*-ный fondamental.

— *сну́*-ю j'ourdis.

снѣг,
neige.

— *снѣг*-ъ la neige.
— *снѣг*-ово́й de neige.
— *снѣж*-ки́ les boules de neige.
— *снѣж*-ить neiger.
— *снѣж*-и́на le flocon de neige.
— *снѣж*-ный neigeux.
— *снѣж*-ня́нка le perce-neige.

сов, су,
fourrer.

— *сов*-кій qui se mêle de tout.
— *сов*-о́къ la pelle.
— *сов*-а́ть fourrer, glisser.
— вы́-*сов*-ъ la saillie.
— за-*сов*-ъ le verrou.

— *су́*-нуть fourrer, glisser.

сол,
sel.

сол-ь le sel. —
сол-ёный salé. —
сол-и́ть saler. —
сол-они́на la viande salée. —
сол-о́нка la salière. —
сол-ончáкъ la saline. —
за-*со́л*-ъ la saumure. —

солн,
soleil.

со́лн-це le soleil. —
со́лн-ечный solaire. —
под-*со́лн*-ечная l'univers. —
под-*со́лн*-ечникъ le tournesol. —

сор,
ordure, querelle.

— *сор*-ъ les balayures, les ordures.
— *сор*-и́ть salir, obstruer.
— *со́р*-ный sale
— за-*сор*-éнie l'engorgement.
— с-*со́р*-а la querelle.
— с-*со́р*-ить quereller.
— с-*со́р*-щикъ le querelleur.

соромъ, срамъ, страмъ,
honte.

— *соро́м*-щина les obscénités.
— *соро́м*-скiй honteux.
— *соро́м*-ить faire honte.

— *сра́м*-ный honteux.
— *срам*-и́ть faire honte.
— *срам*-ъ la honte.
— о-*срам*-лéнie l'humiliation.

— о-*срам*-и́тель le diffamateur.
по-*срам*-ле́ніе l'outrage.

— *страм*-ъ la honte.
страм-и́ть faire honte.

сох, сух, сых,
séchéresse.

— *со́х*-нуть sécher.
за-*со́х*-лый desséché.

— *сух*-о́й sec.
суш-и́ть sécher.
сух-а́рь le biscuit.
сух-осто́й le bois mort.
сух-ота́ la sécheresse.
сух-о́тка la consomption.
су́ш-а la terre ferme.
суш-ани́ца la viande séchée.
суш-и́ло le séchoir.
за-*су́х*-а le temps sec.
о-*су́ш*-ка le dessèchement.

— из-*сых*-а́ніе le dessèchement.

спас,
sauver.

— *спас*-и́тель le sauveur.
спас-ти́ sauver.
Спас-ъ le Sauveur.
спас-и́бо merci.
спас-е́ніе le sauvetage.
спас-е́ніе le salut.
спас-и́тельный salutaire.

спѣх,
hâte, succès.

— *спѣх*-ъ la hâte.
спѣш-и́ть se hâter.

— *спѣш*-ный précipité.
— до-*спѣх*-ъ l'armure complète.
— до-*спѣш*-никъ l'homme cuirassé.
— по-*спѣш*-ёніе la hâte, le secours.
— по-*спѣш*-ный prompt, favorable.
— у-*спѣх*-ъ le succès.

ста, стой, стоя,
se tenir, s'arrêter, coûter.

— *ста*-ть suffire, devenir.
— *ста*-нъ la taille, le camp.
— *ста́*-до le troupeau.
— *ста́*-тья l'article (de journal).
— *ста́*-я le vol (d'oiseaux).
— *ста́*-вить poser, appliquer.
— *ста́*-вень le volet.
  ста-ра́ться s'efforcer.
— *ста*-ница la troupe, le bourg cosaque.
— *ста*-нови́ться s'arrêter.
— *ста*-новище le cantonnement.
— *ста*-но́къ l'établi, le métier.
— в-*ста*-ть se lever.
  вы́-*ста*-вка l'exposition.
  до-*ста́*-токъ l'abondance.
  за-*ста́*-вникъ l'otage.
— за-*ста́*-въ l'écran.
  на-*ста́*-ніе l'approche.
— о-*ста*-влéніе l'abandon.
— о́-*ста*-въ le squelette.
— о-*ста́*-ль le reste.
— от-*ста́*-вка la retraite, la démission.
  от-*ста*-лой le traînard.
— под-*ста́*-ва le relai.
  под-*ста*-вно́й faux, supposé.
  по-*ста*-вéцъ l'armoire, le buffet.
— по-*ста́*-вка l'érection.

по-*ста*-вщикъ le fournisseur.
по-*ста́*-въ l'armoire, le tissu.
пред-*ста*-влéнie la représentation.
пред-*ста́*-тель le protecteur.
пред-*ста́*-нie la comparution.
пред-*ста*-витель le représentant.
пре-*ста*-влéнie le décès.
при-*ста*-въ le commissaire.
при-*ста*-льный attentif, assidu.
— при-*ста*-нь le port, le refuge.
при-*ста́*-вка l'addition.
раз-*ста*-вáнie les adieux.
со-*ста*-витель le rédacteur.
у-*ста́*-лый fatigué.

— *сто́и*-ть coûter.
— *стой!* halte!
стой-ка la tenue, le comptoir.
стой-кiй durable, ferme.
— *стой*-ло la stalle.
до-*стой*-ный digne.
до-*сто́и*-нство le mérite.
за-*стой* la stagnation.
на-*стой*-ка l'infusion, la liqueur.
от-*стой* le dépôt, le sédiment.
по-*стой* le gîte, le logement.
при-*стой*-ный décent, bienséant.
у-*стой* la culée.
у-*стой*-чивый ferme, coûteux.

— *стоя́*-ть se tenir debout.
— *стоя́*-нка le séjour.
— *стоя́*-нie le stationnement.
до-*стоя́*-нie l'héritage.
на-*стоя́*-нie l'instance.
на-*стоя́*-тель le prieur.
на-*стоя́*-щiй actuel, vrai.
об-*стоя́*-тельство la circonstance.
от-*стоя́*-нie la distance.
по-*стоя́*-лецъ le locataire.

— по-*стоя́*-нный constant.
— пред-*стоя́*-тель l'assistant.
— раз-*стоя́*-ніе la distance.
— со-*стоя́*-ніе la condition, la fortune.

стар
vieillesse.

— *ста́р*-ый vieux.
— *ста́р*-шій aîné.
— *ста́р*-ина́ l'ancienneté.
   ста́р-ица la religieuse.
— *стар*-и́къ le vieillard.
   стар-у́ха la vieille femme.
· *стар*-ѣть vieillir.
— *стар*-и́нный ancien, antique.
   ста́р-оста le bailli.
   стар-шина́ le doyen, l'ancien.
   стар-ьё les vieilleries.
— *ста́р*-ческій sénile.

стел, стил, стл, стол,
étendre.

— по-*стел*-ь le lit.
— по-*стел*-ьникъ le chambellan.

— вы-*стил*-ка le pavage.
— на-*сти́л*-ный rasant.
— под-*сти́л*-ка la litière.
— раз-*стил*-а́ться s'étendre.

— *стл*-ать étendre.

— *стол*-ъ la table.
— *стол*-о́вая la salle à manger.
— *стол*-и́ца la capitale.
— *стол*-я́ръ le menuisier.
— *стол*-ьча́къ la chaise percée.
   за-*стол*-ьникъ le convive.
   пре-*сто́л*-ъ le trône, l'autel.

стер, стир, стор, стр, ✗
étendre.

— про-*стёр*-ть ⎱ tendre.
— про-*стир*-áть ⎰

— *стор*-онá le côté, le pays.
— *стор*-óнный étranger.
   стор-онíться se ranger.

— *стр*-анá la contrée.
   стр-анíца la page.
— *стр*-áнникъ le voyageur.
   стр-áнствовать voyager.
   про-*стр*-áнство l'espace.
   ино-*стр*-áнецъ l'étranger.

стерег, сторож, страж, строг,
garde, consérvation.

стерé-чь garder.
о-*стерег*-áніе l'avertissement.
под-*стерег*-áтельство le guet-apens.

стóрож-ъ le gardien.
сторóж-а la garde.
сторóж-ить épier, guetter.
сторóж-ка la guérite.
сторóж-кій vigilant.
о-*сторóж*-ный prudent.
предо-*сторóж*-ность la précaution.

стрáж-ъ le gardien.
стрáж-а la garde.

стрóг-ій sévère.
о-*стрóг*-ъ la prison.
о-*стрóж*-никъ le détenu.

страд, ✗
souffrance, passion.

- *стра*-сть le passion.
- *страд*-а́ть souffrir.
- *стра́д*-а le travail pénible.
- *страд*-а́лецъ le martyr.
- *страд*-а́ніе la souffrance.
- *страд*-а́тельный passif.
- *стра́*-стишка l'amourette.
- *стра́*-стный passionné.
- без-*стра́*-стіе l'impassibilité.
- о-*стра́*-стка le blâme.
- при-*стра́*-стіе la partialité.
- со-*страд*-а́ніе la compassion.

страх,
crainte, frayeur. ✗

- *страх*-ъ la frayeur.
- *стра́ш*-ный terrible.
- *страш*-и́ть effrayer.
- *стращ*-а́ть menacer.
- *страх*-ова́ніе l'assurance (contre l'incendie etc.).
- *страш*-и́ло l'épouvantail.
- *страш*-ли́вый timide, poltron.
- без-*стра́ш*-ный intrépide.
- за-*страх*-ова́ть assurer (contre l'incendie etc.).
- у-*страш*-е́ніе l'intimidation.

стриг,
tondre.

- *стри*-чь tondre.
- *стриж*-е́ніе la tonte.
- по-*стри́ж*-енецъ le religieux.
- по-*стриж*-е́ніе la prise d'habit.
- рас-*стри́г*-а le moine défroqué.

стров, стру,
. courant.

— *о-стров*-ъ l'île.
— *стру*-иться couler.
— *стру*-я le courant.
— *стру*-гъ la barque.
— *стру*-истый ondulé.

строй,
ordre, construction.

— *строй* le rang, le front.
— *строи*-ть construire, mettre en ordre.
— *стро*-éніе l'édifice.
— *строи*-тель l'architecte.
— *строй*-ный harmonieux.
раз-*строй* la discordance.
раз-*строй*-ство le désordre.
— у-*стро*-ять arranger.

стрѣл,
flèche, tir.

— *стрѣл*-á la flèche.
— *стрѣл*-éцъ le tirailleur.
— *стрѣл*-ьбá le tir.
— *стрѣл*-ять tirer, tuer.
— об-*стрѣл*-ивáть canonner.
— *стрѣл*-ка l'aiguille.
— вы-*стрѣл*-ъ le coup de feu.
— при-*стрѣл*-ка la fusillade.
— пере-*стрѣл*-ъ la portée.
— по-*стрѣл*-ъ l'apoplexie.

студ, стыд,
froid, honte.

— *стýж*-а le froid, la gelée.

— *студ*-и́ть refroidir.
— *студ*-ёность la froideur.
— *студ*-ень la gelée, la gélatine.
— за-*студ*-а le refroidissement.
— о-*студ*-а la froideur.
про-*студ*-и́ться se refroidir.

сты-нуть se refroidir.
— *стыд*-ъ la honte, la pudeur.
— *стыд*-ли́вый pudique.
— *стыд*-ный honteux.
— *стыж*-е́ніе l'humiliation.
о-*сты́*-лый refroidi.
по-*стыд*-ный honteux.
по-*сты́*-лый dégoûtant.

стук, стык,
frapper.

— *стук*-ъ le bruit.
— *стук*-а́ть heurter, cogner.
. *стуч*-а́ть frapper, cogner.
. *сту́к*-альце le heurtoir.

— *сты́ч*-ка la querelle, l'engagement.

ступ,
marcher.

ступ-а́ть marcher.
ступ-ь la démarche.
ступ-а́ le pas.
ступ-ень la marche, le degré.
сту́п-ица le moyeu.
ступ-ня́ la plante des pieds.
в-*ступ*-ле́ніе l'avènement.
в-*сту́п*-щикъ le défenseur.
вы́-*ступ*-ь la démarche.
вы́-*ступ*-ъ la saillie.
до-*ступ*-ъ l'abord, l'accès.
за-*сту́п*-а l'appui, la protection.

зá-*ступ*-ъ la pioche, la bêche.
за-*ступ*-áть intercéder.
из-*ступ*-лённый fanatique.
нá-*ступ*-ъ l'attaque.
об-*ступ*-лéніе l'investissement.
óт-*ступ*-ъ la retraite.
от-*ступ*-никъ l'apostat.
по-*ступ*-окъ la démarche, le procédé.
пóд-*ступ*-ъ l'attaque, l'approche.
пре-*ступ*-никъ le criminel.
пре-*ступ*-лéніе le crime.
прí-*ступ*-ъ l'accès, l'assaut.
про-*ступ*-окъ le délit.
у-*ступ*-ка le rabais.
у-*ступ*-ъ la saillie.

стѣн,
mur, paroi.

— *стѣн*-á le mur, la paroi.
— *стѣн*-нóй mural.
за-*стѣн*-чивый timide.
— за-*стѣн*-ить marquer, ôter.
— под-*стѣн*-окъ le contrefort.
— про-*стѣн*-окъ la cloison.

суд,
jugement.

— *суд*-ить juger.
— *суд*-ъ le tribunal.
— *суд*-ья le juge.
— *суд*-ьбá le sort, le destin.
— *суд*-илище le palais de justice.
— *суд*-éбный judiciaire.
— *суд*-éйская la salle d'audience.
— *сужд*-éніе le jugement.
— *суж*-еный prédestiné.
— об-*сужд*-éніе la délibération.

— о-*сужд*-éніе la condamnation.
— о-*суж*-éнникъ le condamné.
— пере-*суд*-чикъ le censeur.
— пере-*суд*-ы les commérages.
— под-*суд*-имый le prévenu.
— при-*суд*-ъ le jugement, l'arrêt.
— при-*сужд*-éніе l'adjudication.
— про-*суд*-ъ l'erreur judiciaire.
— раз-*суд*-окъ la raison.
— раз-*сужд*-éніе le raisonnement.

сук,
tordre.

— *сук*-нó le drap.
— *сук*-óнка le morceau de drap.
— *сук*-óнщикъ le drapier.
— *суч*-ить tordre.
— *суч*-ильщикъ le cordier.

сут,
existence.

сут-ь l'essence, la substance.
сущ-éство l'être, l'essence.
сущ-éственный l'essence.
сущ-ествовáніе l'existence.
сýщ-ій existant, véritable.
сýщ-ность la nature, l'essence.
о-*сущ*-ествлéніе la réalisation.
от-*сýт*-ствіе l'absence.
при-*сýт*-ствіе la présence, la séance.
при-*сýт*-ствовать assister, siéger.
при-*сýщ*-ій présent, inhérent.

сып,
répandre une matière friable.

— *сып*-áть répandre, verser.

— *сып*-ъ l'éruption
зá-*сып*-ъ le terrain remblayé.
нá-*сып*-ъ la trémie.
— нá-*сып*-ь le remblai.
— ó-*сып*-ь l'éboulement.
о-*сып*-нóй couvert de terre.
раз-*сы́п*-чивый friable.

СѢ,
semer.

сѣ-ять semer. —
сѣ-мя la semence. —
сѣ-менить ensemencer. —
сѣ-вéцъ le semeur. —
сѣ-въ l'ensemencement. —
сѣ-ялка le semoir. —
сѣ-яльщикъ le semeur. —
за-*сѣ*-въ les semailles. —
об-*сѣ*-вка l'ensemencement. —
по-*сѣ*-въ les semailles. —
про-*сѣ*-вáльный qui sert à tamiser. —
раз-*сѣ*-вáлень le semoir. —
раз-*сѣ*-вáтель la propagateur. —
раз-*сѣ*-янiе la dispersion, la distraction. —

СѢК,
couper.

— *сѣк*-и́ра la hache.
— *сѣч*-а le carnage.
— *сѣч*-иво la hache.
— *сѣч*-ка le hachoir.
— *сѣч*-ь hacher, fouetter.
— вы́-*сѣч*-ка la sculpture.
— раз-*сѣч*-éнiе la dissection.
— с-*сѣк*-ъ le filet (de bœuf).
— зá-*сѣк*-а l'abatis.
— на-*сѣк*-óмое l'insecte.

- на-сѣч-ка l'incision.
- под-сѣк-ъ la pince, le pic.
- по-сѣк-ъ l'abatage.
- про-сѣк-а la percée, la trouée.
- у-сѣк-новéніе la décapitation.

Т.

тай,
secret, mystère.

— *тай*-ть cacher.
— *тай*-на le secret.
— *тай*-ный secret, caché.
— *тай*-нство le mystère, le sacrement.
— *тай*-никъ l'endroit secret.
— *тай*-нственный mystérieux.
— по-*тай*-никъ l'écueil.
— у-*тай*-щикъ le recéleur.

так,
approbation.

— *так*-ъ ainsi, tellement.
— *та́к*-альщикъ le complaisant.
— *та́к*-ать consentir.
— *так*-о́вый tel.
— под-*та́к*-ивать affirmer.
— по-*так*-а́ніе la connivence.
— по-*тач*-ливый indulgent.

таск,
tirer, traîner.

— *таск*-а́ть tirer, voler, user.
— *тащ*-и́ть entraîner, voler.
— *тащ*-е́ніе le tirage.
— *та́ск*-а la traction.
— по-*таск*-у́ха la coureuse.

твар, твор,
création.

— *твар*-ь la créature.
— *твор*-и́ть créer.
— *твор*-е́цъ le créateur.

твор-и́тель l'auteur.
тво́р-чество le génie créateur.
при-*тво́р*-ный faux, hypocrite.
рас-*тво́р*-ъ la dissolution.

тверд,
дуреté.

твёрд-ый dur, ferme, solide.
тверд-и́ть apprendre par cœur.
тверд-ы́ня la forteresse.
тверд-ѣть se durcir.
тверд-ь le firmament.
у-*твержд*-е́ніе la ratification.

тек, ток,
couler, courir.

теч-ь couler.
теч-е́ніе le courant.
те́ч-а la voie d'eau.
те́ч-ка le rut.
в-*те́ч*-ка la piste, la trace.
ис-*теч*-е́ніе l'écoulement.
о-*тёк*-ъ l'hydropisie.
пред-*те́ч*-а le précurseur.
с-*теч*-е́ніе le confluent.
у-*тёк*-ъ la fuite.

ток-ъ le ruisseau, le fluide.
точ-и́ло la meule à aiguiser.
точ-и́ть tourner.
вос-*то́к*-ъ l'orient.
за-*точ*-е́ніе l'exil.
ис-*то́ч*-никъ la fontaine, la source.
по-*то́к*-ъ le ruisseau.
при-*то́к*-ъ l'affluent.
с-*ток*-ъ l'égout.

— 195 —

тем, тм, тьм,
obscurité.

- *тём*-ный obscur, sombre.
- *тем*-ница la prison.
- *тем*-нота́ l'obscurité.
- *тем*-нѣть s'obscurcir.
- о-*тем*-нѣлый obscurci, éclipsé.
- по-*тём*-ки les ténèbres.

- *тм*-а les ténèbres, la foule.
- *тм*-ить obscurcir.
- *тм*-у́щій innombrable.
- за-*тм*-ѣніе l'éclipse.

- *тьм*-а l'obscurité, la foule.

теп, топ,
chaleur.

- *теп*-ло́ la chaleur.
- *тёп*-лый chaud, tiède.
- *теп*-лить allumer.
- *теп*-лица la serre chaude.
- *теп*-лицы les eaux thermales.
- *теп*-лота́ la chaleur.
- *теп*-лынь la grande chaleur.
- от-*теп*-ель le dégel.

- *топ*-ить allumer, chauffer.
- *то́п*-ка le chauffage.
- *то́п*-ливо le combustible.
- *то́п*-очный propre au chauffage.
- ис-*то́п*-никъ le chauffeur.
- под-*то́п*-ка les copeaux.

тер, тир, тор,
frottement.

- *тер*-е́ть frotter.
- *тёр*-ка la râpe.

— в-*тир*-а́ніе la friction.
— под-*ти́р*-ка le torchon.
— рас-*тир*-а́ніе la trituration.
— с-*тир*-а́лка le torchon.

— *тор*-и́ть dresser, habituer.
— *то́р*-ный frayé, battu.
— *тор*-ѣть s'accoutumer.
за-*то́р*-ъ la trempe, la foule.
про-*тор*-и́ть frayer.

терп,
supporter.

— *терп*-ѣ́ть supporter.
— *терп*-ѣ́ніе la patience.
— *терп*-и́мость la tolérance.
— *те́рп*-кость l'âcreté.
— с-*терп*-и́мый supportable.
— у-*те́рп*-чивый patient.

теря,
perdre.

— *теря́*-ть perdre.
— *теря́*-ніе la perte.
— по-*те́ря* la perte, la privation.

тис, тѣс,
serrer, presser.

— *ти́с*-кать serrer, imprimer.
— *тис*-кі́ la presse.
— *тис*-ни́ть imprimer, tirer.
— от-*ти́ск*-ъ tirage à part.
тис-не́ніе le tirage, l'édition.
вы́-*тис*-къ l'empreinte, l'épreuve.

— *тѣ́с*-ный étroit, difficile.
— *тѣс*-ни́на le défilé.
— *тѣс*-ни́ть opprimer.

тѣс-нотá la foule, la presse.
при-*тѣс*-нéніе la persécution.
с-*тѣс*-нítельный vexatoire.

ТИХ, ТѢХ,
silence, tranquillité.

тиш-инá le silence.
тих-нуть se calmer.
тих-iй doux, tranquille.
тих-ость la douceur, le calme.
тиш-ить calmer, apaiser.
зá-*тиш*-ь l'anse, l'accalmie.

тѣш-ить amuser.
безу-*тѣш*-ный inconsolable.
на-*тѣш*-иться se divertir.
по-*тѣх*-а l'amusement.
у-*тѣх*-а la joie, le plaisir.
у-*тѣш*-ить consoler.

ТОК,
tisser.

— *тк*-ать tisser.
— *тк*-ань le tissu, l'étoffe.
— *тк*-аньё le piqué.
— *тк*-ачь le tisserand.

— у-*тóк*-ъ la trame.

ТК, ТОК, ТЫК, - ✗
adhérer, enfoncer, toucher.

у-*тк*-нýть enfoncer.
— *тóч*-ка le point.
— *тóч*-ный exact, ponctuel.
— под-*тóк*-ъ le sabot, le bout.

— *тык*-ать ficher, enfoncer.

— тыч-о́къ le coup de poing.
— тыч-и́нникъ l'échalier.
— в-тыч-ка la cheville.
— за-тыч-ка le bouchon, le tampon.
— по-тыќ-ать dresser (une tente).
— с-тыч-ка la querelle.

ТЛ,
corruption.

— тл-ить gâter, corrompre.
— тл-ѣнный périssable.
— тл-ѣнъ } la pourriture.
— тл-я }
пере-тл-ѣлый réduit en cendres.
— раз-тл-итель le séducteur.
— раз-тл-ѣніе la dépravation.

ТОЛК, ТОЛОК,
frapper, pousser, piler.

— толк-а́ть heurter.
— толч-ёкъ le choc.
— толк-а́чъ le pilon.
— толк-отня la poussée.
— толк-у́нъ le pilon.
— толч-ея́ le moulin à pilons.
— рас-толч-éніе la pulvérisation.

— толо́чь piler, triturer.
— толо́ч-ить déprimer, fouler.
— по-толо́к-ъ le plafond.
— при-толок-а la linteau.

ТОЛК,
interpréter.

— толк-ъ le sens, le bruit.
— толк-о́вникъ le traducteur.
— толк-о́вый intelligent.
— толк-ова́ть expliquer.

ис-*толк*-ователь l'interprète.
— по-*толк*-овать s'entretenir.

ТОЛСТ,
épaisseur, grosseur.

— *толст*-ый gros, épais.
— *толст*-ѣть grossir.
— *толст*-якъ l'homme obèse.
— *толщ*-а la masse, l'épaisseur.
— *толщ*-ина l'épaisseur.

ТОМ,
lassitude.

— *том*-ить accabler.
— *том*-ительный fatigant.
— *том*-леніе l'épuisement.
— *том*-ный langoureux, languissant.
— *том*-ѣть être épuisé
— *том*-лянка l'acier de cémentation.
— *том*-ность la langueur.
— ис-*том*-а la lassitude.
— ис-*том*-ѣлый exténué.

ТОН,
minceur, finesse.

— *тон*-кій mince, fin.
— *тон*-авый maigre.
— *тон*-изна la finesse, la ténuité.
— *тон*-ить amincir.
— у-*тон*-ченіе l'épuration.

ТОН,
plonger.

то-ня le coup de filet.
топ-лый mouillé.
топ-ь le marais.
топ-кій fangeux, bourbeux.
то-нуть couler, se noyer.

за-*топ*-ля́ть inonder.
по-*то́п*-ъ le déluge.
по-*то́п*-ь l'inondation.
у-*топ*-и́ть noyer.

торг,
commerce.

— *торг*-а́шъ le mercier.
— *торг*-ова́ть trafiquer, faire du commerce.
— *торг*-ъ le marché.
торг-о́вля le commerce.
то́рж-ище le marché.
торг-о́вецъ le marchand.
— *торг*-о́вый commerçant.
вы-*торж*-ка le rabais.
пере-*то́рж*-ка la surenchère.
про-*то́рж*-ка la perte.
у-*то́рж*-ка le rabais.

тороп,
précipitation,

— *тороп*-и́ть presser, hâter.
торо́п-кій prompt, craintif.
— *то́роп*-ь la précipitation.
— *тороп*-ѣть se troubler.
о-*тороп*-ѣлый timide.

треп,
frayeur.

— *треп*-ета́ть trembler.
— *тре́п*-етъ la frayeur.

тоск,
chagrin.

тоск-а́ le chagrin, l'angoisse.
тоск-ли́вый chagrin, triste.
тоск-ова́ть se chagriner.

тощ, тщ,
vide.

— *тощ*-ій à jeun.
— *тощ*-áть maigrir.
— на-*тощ*-áкъ à jeun.
 ис-*тощ*-áлый épuisé.

— *тщ*-етá la vanité.
 тщ-étный vain.

трав,
herbe, nourriture.

трав-á l'herbe, le gazon.
трав-инка le brin d'herbe.
трав-ить faire brouter, chasser.
трáв-ля la chasse à courre.
трав-никъ l'herbier.
трав-янка la couleur végétale.
о-*трáв*-а le poison.
о-*трав*-ить empoisonner.
по-*трáв*-а le dégât.
при-*трáв*-а l'appât.
про-*трáв*-а le mordant.

треб,
exiger.

— *треб*-овать exiger.
— *треб*-никъ l'autel.
— *треб*-ованіе la réclamation.
— *треб*-а le sacrifice.
— *треб*-ище le temple des idoles.
 треб-овательный prétentieux.
— ис-*треб*-итель l'exterminateur.
— ис-*треб*-леніе la destruction.
— по-*треб*-а le besoin.
 по-*треб*-итель le consommateur.
— по-*треб*-никъ le missel.
— по-*треб*-ный nécessaire.

трог,
toucher.

трóг-ать toucher.
трóг-аніе l'attouchement, le contact.
трóг-ательный touchant.
до-*трóг*-иванье l'attouchement.

труб,
tuyau.

— *труб*-á le tuyau, la trompette.
— *трýб*-ка le tuyau, la pipe.
— *труб*-и́ть sonner de la trompette.
— *трýб*-никъ le pompier.
труб-áчъ le trompette.
— *трýб*-очникъ le fabricant de pipes.
труб-чáтый tubulaire.
— вос-*труб*-и́ть publier.
— рас-*трýб*-ъ le pavillon.

труд,
fatigue, travail.

труд-ъ le travail.
труд-и́ться se donner de la peine.
трýж-сникъ le travailleur.
трýд-ный difficile.
за-*труд*-нéніе l'embarras.
по-*труд*-и́ть importuner.
со-*трýд*-никъ le collaborateur.
со-*трýж*-еникъ le compagnon de labeur.
у-*труж*д-éніе la peine.

трус, тряс,
tremblement.

— *трус*-ъ le poltron, le lâche.

— *трус*-ли́вый peureux, couard.
— *тру́с*-ить craindre, avoir peur.
— на-*тру́с*-ка la poire à poudre.
— на-*тру́с*-ить saupoudrer.

— *тряс*-ти́ secouer.
— *тря́с*-ка le cahotement.
— *тряс*-и́на la fondrière.
— *тряс*-у́чка le fièvre intermittente.
— по-*тряс*-е́ніе la secousse.
— со-*тряс*-е́ніе la vibration.

ТУГ, ТЯГ,
tendre, tirer, peser.

— *туг*-а́ le chagrin.
— *туж*-и́ть s'affliger.
— *туг*-о́й raide, serré.
— на-*ту́г*-а la tension.
— от-*ту́г*-и les liens.
— по-*ту́г*-и les douleurs de l'enfantement.

— *тя́*-нуть tirer, tendre.
— *тя́ж*-кій grave, sévère.
— *тя́ж*-ба le procès.
— *тя́ж*-ебникъ le plaideur.
— *тя́ж*-елина́ la pesanteur.
— *тя́ж*-ъ le trait d'attelage.
— *тя́ж*-ёлый lourd, pesant.
— вы-*тя́ж*-ка la tenue.
— за-*тя́ж*-ка l'étreinte, le retard.
— на-*тя́ж*-но́й juste, étroit.
— о-*тяг*-оти́тель l'oppresseur.
— о-*тяг*-оти́тельный onéreux.
— о-*тяг*-още́ніе la surcharge.
— под-*тя́ж*-ка la bricole.
— под-*тя́ж*-ки les bretelles.
— про-*тя́ж*-ка le retard, le délai.
— с-*тяг*-ъ le levier.

ТѢЛ,
corps.

— тѣл-о le corps.
— тѣл-ьный corpulent.
— тѣл-ыюй de chair.
— тѣл-éсный physique.

ТѢН,
ombre.

тѣн-ь l'ombre.
тѣн-евóй ombré, nuancé.
тѣн-истый touffu, ombreux.
тѣн-ить nuancer, ombrer.
тѣн-никъ l'abat-jour.
зá-тѣн-ь l'ombrage.
óт-тѣн-ь l'ombre, la nuance.

ТУМÁН,
brouillard.

— тум-áнъ le brouillard.
— тум-áнить obscurcir.
— тум-áнный nébuleux.
при-тум-áниться devenir pensif.

У.

угл,
angle.

- *у́гол*-ъ l'angle.
- *уго́л*-ьный angulaire.
- *угл*-овой anguleux.
- *уго́л*-ьникъ l'équerre.
- на-*уго́л*-окъ l'équerre.

угль,
charbon.

- *у́голь* le charbon.
- *у́голь*-е les charbons.
- *у́голь*-ный de charbon.
- *угл*-якъ le carbure.
- *у́голь*-ня la charbonnière.
- *у́голь*-щикъ le charbonnier.
- пере-*у́гл*-ить carboniser.

уз voyez вяз.

ук, ык,
instruire.

- *уч*-ить instruire.
- *уч*-итель l'instituteur.
- *уч*-еникъ l'élève.
- *уч*-илище l'école.
- *уч*-ёный savant.
- *уч*-ебникъ le manuel.
- *уч*-енье l'apprentissage.
- *уч*-еніе les études.
- на-*ук*-а la science.
- не́-*уч*-ъ le manant.
- об-*уч*-еніе l'instruction.
- об-*ыч*-ай la coutume, l'usage.
- об-*ык*-новенный ordinaire.

— об-ы́ч-ливый obstiné.
— прив-ы́ч-ка l'habitude.

у́л,
division géométrique.

у́л-ей la ruche.
у́л-ица la rue.
у́л-ичка la ruelle.
пере-у́л-окъ la rue transversale.

умъ,
intelligence.

— у́м-ъ l'intelligence.
— у́м-ный intelligent.
— у́м-ѣть savoir.
— у́м-никъ l'homme intelligent.
— у́м-ничать raisonner.
— у́м-ѣніе le savoir-faire, le savoir.
— без-у́м-ецъ l'insensé.
— без-у́м-іе la démence.
— из-у́м-леніе la surprise.
— недо-у́м-леніе la perplexité.
— не-у́м-ѣнье l'ignorance.
— раз-у́м-ъ la raison.

уст,
bouche.

— уст-а́ les lèvres, la bouche.
— у́ст-ный de la bouche.
— у́ст-ье l'orifice.
— из-у́ст-ный verbal, oral.
— из-у́ст-итель l'instigateur.
— под-ущ-а́ть exciter.
— наиз-у́ст-ь par cœur.

утр,
matin.

— у́тр-о le matin.

— ýтр-енній matinal.
ýтр-ось ce matin.
зá-втр-а demain.
зá-втр-акъ le déjeuner.
за-ýтр-еня les matines.

ух,
oreille.

ýх-о l'oreille.
ýш-ный auriculaire.
ýш-ко l'anse.
на-ýш-никъ le calomniateur.
за-ýш-ина le soufflet, la gifle.
за-ýш-ница les oreillons.
под-ýш-ка l'oreiller.
вн-уш-áть suggérer.

X.
хва,
éloge.

— *хва*-лѝть louer.
— *хва*-лá l'éloge.
— *хва*-льбá la jactance.
по-*хва*-льбá l'ostentation.

хваст,
se vanter.

— *хва*-стáть se vant...
хва-стлѝвый présomptueux.
— *хва*-отýнъ le fanfaron.

хват, хит,
saisir, emporter.

— *хвáт*-скій hardi.
— *хват*-áть saisir, frapper.
— *хвáт*-ка le bec, le maniement d'armes.
— об-*хвáт*-ъ la brasse.
— за-*хвáт*-ъ l'anse.
— с-*хвáт*-ка le combat, l'engagement.
— у-*хвáт*-ка le geste.

— *хит*-ѝть ravir.
— *хѝт*-рый rusé.
— *хищ*-ный ravisseur, pillard.
— *хищ*-ничество le pillage.
— вос-*хит*-ѝть enchanter.
— по-*хищ*-éніе le rapt, le vol.

хлад, холод,
froid.

— *хлад*-ъ le froid.
— *хлáд*-ный froid.
— о-*хлад*-ѣлый refroidi.

о-*хлажд*-éнie le refroidissement.
про-*хлáд*-а la fraîcheur.
про-*хлáд*-ный frais.
хблод-ъ le froid.
холод-éцъ le mets froid.
холод-úльникъ le condenseur.
холод-никъ la cave.
зá-*холод*-ь l'endroit frais.

ХЛАП, ХЛОП, ХОЛОП,
servitude.

хлап-ъ le valet (aux cartes).

хлóп-ецъ le garçon, le valet.

холóп-ъ le serf.
холóп-ство le servage.
холóп-iй serf.

ХЛѢБ, ХЛѢБ,
blé, pain.

хлеб-áть manger.
хлеб-óкъ la gorgée.
по-*хлёб*-ка la soupe.

хлѣб-ъ le blé, le pain.
хлѣб-енникъ le pâtissier.
хлѣб-ня la boulangerie.
хлѣб-ецъ le petit pain.
хлѣб-никъ le boulanger.
на-*хлѣб*-никъ le pensionnaire.
по-*хлѣб*-щикъ le flatteur.

ХЛОП,
claquer.

хлóп-ать frapper, claquer.
хлóп-альщикъ le claqueur.
хлоп-унéцъ la larme batavique.
хлоп-ýшка le chasse-mouche.
за-*хлóп*-ка la soupape.

ХЛОПОТ,
souci.

— *хлопот*-а́ть s'inquiéter.
— *хло́пот*-ы l'embarras.
— *хло́пот*-ный empressé.
— *хлопот*-у́нъ la personne affairée.

ХОД, шед,
aller, marcher.

ход-и́ть aller, marcher.
ход-ъ la marche, le mouvement.
ход-а́ le pas, l'allure.
— *ход*-а́тай le médiateur.
— *ход*-е́бщикъ le colporteur.
— *ход*-у́ля l'échasse.
— *ход*-ьба́ l'allée et venue.
— *хож*-а́лый l'agent de police.
— вос-*хо́д*-ъ la montée.
— вос-*хожд*-е́ніе le lever, l'ascension.
— в-*ход*-ъ l'entrée.
— вы́-*ход*-ецъ l'émigré.
— вы́-*ход*-ка la sortie, l'incartade.
— вы́-*ход*-ъ la sortie, le départ.
— до-*хо́д*-ъ le revenu.
— за-*хо́д*-ъ le coucher, les lieux d'aisance.
— за-*хо́д*-никъ le vidangeur.
— за-*хо́ж*-ій passager.
— ис-*хо́д*-ъ l'issue.
— на-*ход*-и́ть trouver.
— необ-*ход*-и́мый nécessaire.
— об-*хожд*-е́ніе les manières.
— об-*хо́д*-ъ la visite, le tour.
— от-*хо́д*-ъ le départ, la fin.
— от-*хо́д*-ная la prière des agonisants.
— от-*хо́ж*-ій séparé, à part.

— пере-*хо́д*-ный passager.
— пере-*хо́д*-ы le corridor.
— пере-*хо́д*-ъ le passage.
— под-*хо́д*-ъ l'abord, l'accès.
— по-*хо́д*-ъ l'expédition militaire.
— по-*хо́д*-ка la démarche.
— по-*хо́ж*-ій semblable.
— при-*хо́д*-ъ la venue, la paroisse.
— при-*хо́д*-скій paroissial.
— при-*хо́ж*-ая l'antichambre.
— при-*хо́ж*-ій l'étranger.
— про́-*хо́д*-ень le vagabond.
— про-*хо́д*-ъ le passage.
— рас-*хо́д*-ъ la dépense.
— рас-*хо́д*-чикъ le payeur.
— с-*хо́д*-бище l'attroupement.
— с-*хо́д*-ка l'assemblée.
— с-*хо́д*-ъ la descente, le rassemblement.
— с-*хо́ж*-ій semblable.
— с-*хо́д*-ень l'escalier.
— с-*хо́д*-ственный conforme.
— у-*хо́д*-ъ le départ, la surveillance.

— *ше́*-ствіе le cortége.
— *ше́*-ствовать marcher.
— в-*ше́*-ствіе l'entrée.
— за-*ше́*-лецъ le passant.
— на-*ше́*-ствіе l'invasion.
— ис-*ше́*-ствіе le départ.
— вос-*ше́*-ствіе l'avénement.
— от-*ше́*-ствіе le départ.
— при-*ше́*-ствіе l'avénement.
— про-*ше́д*-шій passé.
— про-*ше́*-ствіе l'expiration.
— со-*ше́*-ствіе la descente.
— у-*ше́*-ствіе la fuite.
— *ше́*-лъ il est allé.

холост,
castration, célibat.

- *холост*-ить châtrer.
- *холост*-якъ le célibataire.
- *холост*-ьбá le célibat.
- *холощ*-éніе la castration.
- *холост*-ежь les célibataires.
- *холост*-ильщикъ le châtreur.
- *холост*-óй célibataire.

хорон, хран,
garder, conserver.

- *хорон*-ить cacher.
- по-*хорон*-ить enterrer.
- по-*хорон*-éніе les obsèques.
- по-*хорóн*-ный funèbre.
- пó-*хорон*-ы les obsèques.
- с-*хорон*-ить cacher, enterrer.

- *хран*-ить conserver.
- *хран*-итель le gardien.
- *хран*-илище le dépôt.
- предо-*хран*-ительный préservateur.
- со-*хран*-итель le conservateur.
- сó-*хрáн*-ный intact.

хот,
volonté.

- *хот*-ѣть vouloir.
- *хот*-ѣніе la volonté.
- не-*хот*-ѣніе le mauvais vouloir.
- о-*хóт*-а la bonne volonté, la chasse.
- о-*хóт*-никъ le volontaire, le chasseur.
- о-*хóч*-ій enclin.
- о-*хóт*-ность le zèle.

— по-*хот*-ливый lascif.
— по-*хот*-ѣніе la convoitise.
— при-*хот*-ь le caprice, la fantaisie.
— при-*хот*-ливый capricieux.

хрип,
grinçant, rauque.

— *хрип*-лый enroué, rauque.
— *хрип*-лость l'enrouement.
— *хрип*-нуть être enroué.
— *хрип*-отá l'enrouement.
— *хрип*-ýнъ la personne enrouée.
— *хрип*-ѣть râler, siffler.
— *хрип*-ѣніе le râle.

худ,
mauvais, maigre.

— *худ*-óй mauvais, maigre.
— *худ*-ó le mal.
— *худ*-ѣть maigrir.
— *худ*-обá le mal, la maigreur.
— *худ*-ербá la personne maigre.
— *хýд*-шій pire.
— *хý*-же pire.

Ц.

ЦВѢТ,
fleur, couleur.

- *цвѣт*-ъ la fleur, la couleur.
- *цвѣ*-стй fleurir.
- *цвѣт*-йть colorer.
- *цвѣт*-никъ le parterre.
- *цвѣт*-ўха le chou-fleur.
- раз-*цвѣ*-лый épanoui.
- раз-*цвѣч*-énie la coloration.

церков,
église.

- *цéрков*-ъ l'église.
- *церкóв*-никъ l'ecclésiastique.
- *церкóв*-ный ecclésiastique.

ЦѢЛ,
entier, pur.

- *цѣл*-ый entier, pur.
- *цѣл*-овать baiser.
- *цѣл*-ьбá la guérison.
- *цѣл*-йть traiter, guérir.
- *цѣл*-изнá la terre en friche.
- *цѣл*-йтель le guérisseur.
- *цѣл*-кóвый le rouble d'argent.
- по-*цѣл*-ýй le baiser.

ЦѢН,
prix, valeur.

- *цѣн*-á le prix, la valeur.
- *цѣн*-йть évaluer, estimer.
- *цѣн*-ный cher.
- *цѣн*-ка le blâme.
- *цѣн*-йтель l'appréciateur.
- без-*цѣн*-ный inestimable.

о-*цѣн*-éнiе l'estimation.
раз-*цѣн*-éнiе l'évaluation.

цѣп,
chaîne, crochet.

цѣп-ь la chaîne.
цѣп-енъ le ténia.
цѣп-ъ le fléau.
цѣп-кiй chicaneur.
цѣп-óчка la chaînette, la chaîne (de montre).
в-*цѣп*-íться s'accrocher.
за-*цѣп*-а le crochet.
за-*цѣп*-ка la querelle.
о-*цѣп*-енѣлый engourdi.
с-*цѣп*-ка la querelle.
с-*цѣп*-лéнiе le tissu.
с-*цѣп*-ъ le lien, le crochet.

Ч.

ча,
attente, commencement, rang.

— ча́-ять attendre.
ча́-яніе l'espoir.
— ча-й probablement.
не-ча́-янный inopiné, soudain.
от-ча́-яніе le désespoir.

ча, чин, чн,
commencer.

— на-ча́-ло le commencement.
— за-ча́-тіе la conception.
— на-ча́-льникъ le directeur.
— на-ча́-льство l'autorité.

на-чи́н-аю je commence.
— на-чн́у́ je commencerai.

чин,
rang, faire.

— чин-ъ la grade, le rang.
— чин-о́вникъ le fonctionnaire.
— чин-и́ть faire, opérer.
— чи́н-ный décent.
— чин-о́вный gradé.
— на-чи́н-щикъ l'auteur.
— по-чи́н-ъ l'étrenne, la frontière.
— при-чи́н-а la cause.
— со-чин-е́ніе l'œuvre.
— без-чи́н-ный déréglé.
— под-чин-е́ніе la soumission.

чар,
enchantement.

— ча́р-ы le sortilége.
— чар-ова́ніе l'enchantement.

— чар-ова́тель le sorcier.
— чар-ова́ть charmer, enchanter.
— чар-у́ющій fascinateur.
о-чар-ова́тель l'enchanteur.
разо-чар-ова́ніе le désenchantement.

час,
heure.

— час-ы́ l'horloge.
— час-ъ l'heure.
— час-ово́й la sentinelle.
— час-овщи́къ l'horloge.
— час-о́вня la chapelle.
— час-ова́ть rester quelque temps.
— под-ча́с-ъ quelquefois.

част,
partie.

— част-ь la partie.
— ча́ст-ный privé, particulier.
— безу-ча́ст-іе l'indifférence.
— нес-ча́ст-іе le malheur.
— при-ча́ст-іе la communion.
— с-ча́ст-іе le bonheur.
— соу-ча́ст-никъ le complice.
— у́-част-ь le destin.
у-ча́ст-іе l'intérêt.

част,
fréquent.

— ча́ст-ый fréquent.
част-и́ть accélérer, fréquenter.
част-ина́ l'épaisseur.
част-ота́ la densité, l'épaisseur.
част-ѣть devenir épais.
ча́щ-а l'épaisseur.

черк, черт,
trait, ligne.

— черк-ать griffonner, biffer.
— о́-черк-ъ le croquis.
— по́-черк-ъ l'écriture.

— черт-а́ le trait, la ligne.
— черт-ёжъ le plan, le dessin.
— черт-и́ть tracer, dessiner.
— черч-е́ніе le dessin linéaire.
— черт-о́къ le traçoir.
— чёрт-очка le trait d'union.
— на-черт-а́ніе l'esquisse.

черн,
noir.

— чёрн-ый noir, sale.
— черн-и́ла l'encre.
— черн-и́лица l'encrier.
— черн-ѣть noircir, devenir noir.
— черн-е́цъ le moine.
— черн-ь la populace.
— черн-ево́й niellé.
— черн-и́ть noircir, salir.
— черн-и́ка la myrtille.
— о-черн-е́ніе la calomnie.

чес voyez кос.

че, чет, чис, чит, чт,
compter, lire, honorer.

— че-сть l'honneur.
— чет-а́ть égaler.
— че-сти́ть honorer.
— че́-стный honnête.
— чет-а́ la paire, le couple
— чёт-ка le nombre pair.

— *чёт*-кій lisible.
— без-*чé*-стіе l'infamie.
— за-*чёт*-ъ l'à-compte.
— не-*чé*-стіе l'impiété.
— *чёт*-ный pair.
— пó-*че*-сть l'honneur.
— при-*чет*-ъ le cortége, le clergé.
— при-*чёт*-никъ le clerc tonsuré.
— про-*чёт*-ъ l'erreur.
— рас-*чёт*-ъ l'économie.
— с-*чёт*-ъ le compte.

— *чис*-лó le nombre.
— *чúс*-лить calculer.
— *чúс*-леный numérique.
— в-*чис*-лéніе l'agrégation.
— рас-*чис*-лéніе le calcul.
— с-*чис*-лéніе la numération.

— *чит*-áть lire, compter.
— *чит*-áтель le lecteur.
— вы-*чит*-áніе la soustraction.

— *чт*-ить honorer.
— *чт*-úлище le temple.
— *чт*-éніе la lecture.
— *чт*-ецъ le lecteur.
— по-*чт*-éніе le respect.
— у-*чт*-úвый poli, civil.
— *чт*-úтель l'adorateur.

ЧИ voyez КОЙ.

ЧИСТ,
propreté, pureté.

— *чúст*-ый pur, propre.
— *чúст*-ить nettoyer.
— *чист*-отá la propreté.
— *чист*-úлище le purgatoire.
— *чúст*-ка le curage.

рас-*чист*-ка le déblai.
нé-*чист*-ь la gale.
о-*чист*-ка la justification.
о-*чист*-ительный expiatoire.
о-*чищ*-éніе l'épuration.

ЧУ,
sensation, sentiment.

чу́-вство le sens, le sentiment.
чу́-вствовать sentir.
чу́-вотвенный physique.
чу́-вствилище l'organe.
— *чу́*-ткій qui a l'odorat subtil.
— *чу́*-ять sentir.
— *чу*-тьё l'odorat.
— *чу*-хáть flairer, sentir.
пред-*чу́*-вствіе le pressentiment.
со-*чу́*-вствіе la sympathie.

ЧУД,
merveilleux, étranger.

— *чу́д*-о le miracle.
— *чу́д*-иться s'étonner.
— *чу́д*-ный merveilleux.
— *чу́д*-áкъ l'original.
чуд-óвище le monstre.
чуд-éсный merveilleux.
— *чу́д*-иться paraître, sembler.
чужо-áкъ l'étranger.
чужд-áться fuir, éviter.
чуж-бина le pays étranger.
чу́жд-ый étranger, exempt.
чуж-óй étranger.
— при-*чу́д*-ливый bizarre.

Ш.
шаг,
pas.

— *шаг*-ъ le pas, la démarche.
— *шаг*-а́ло le grand marcheur.
— *шаг*-а́ть enjamber.
— *шаг*-а́ніе l'enjambée.
— *шаж*-ёкъ le petit pas.

ШВ, ШИ, ШОВ,
coudre.

шв-а́льня l'atelier de couture.
шв-е́цъ le tailleur.
шв-ея́ la couturière.

ши-ло l'alêne.
ши-ть coudre, broder.
вы-*ши*-вка la broderie.
вы-*ши*-вно́й brodé.
на-*ши*-вка le chevron.
пере-*ши*-вно́й recousu.
с-*ши*-вка ⎫
ши-тьё ⎭ la couture.

шов-ъ la couture.

шед voyez ход.

шип,
épine.

— *шип*-ъ l'épine, le crampon.
— *шип*-о́вникъ l'églantier.
— *шип*-о́къ l'églantine.
— *шип*-ова́тый épineux.

шир,
largeur.

— *шир*-ина́ la largeur.

— шир-и́ть, élargir.
— шир-о́кій large.
— шир-ота́ la latitude.
шир-я́ться planer.
— шир-е́ніе l'élargissement.
об-ши́р-ный vaste, spacieux.
раз-ши́р-ить dilater.

ШЛ voyez СЛ.

ШУМ,
bruit.

— шум-ъ le bruit.
— шум-е́ть faire du bruit.
— шу́м-ный bruyant.
— шум-и́ха le clinquant.

ШУТ,
plaisanterie.

— шут-ъ le bouffon.
— шу́т-ка la plaisanterie.
— шут-ли́вый badin.
— шут-и́ха le pétard.
— шут-ни́къ le plaisant.

15*

Щ.

щел,
fente, crevasse.

— *щел*-кáть casser.
— *щел*-ь la fente.
— *щел*-ять fendre.
— рас-*щéл*-ина la crevasse.
— у-*щéл*-іе le défilé, la gorge.

щеп, щип, щуп,
pincer, tâter.

— *щеп*-óть la pincée, la prise.
— *щéп*-еткій étroit, élégant.
— *щéп*-ань les copeaux, les éclisses.

— *щип*-áть pincer, piquer, plumer.
— *щип*-цы́ les mouchettes, les pinces.
— *щип*-éцъ le museau (du lévrier), le pignon.
— *шип*-óкъ le pinçon.

— *щýп*-ать tâter, toucher.
— *щуп*-ъ la sonde.
— *щýп*-альце l'antenne.

щит,
défense, protection.

— *щит*-иться se défendre.
— *щит*-ъ le bouclier.
— *щит*-никъ l'écuyer.
— за-*щит*-никъ le défenseur.
— за-*щит*-а la protection.

Ы.

ык voyez ук.

ыск voyez иск.

Ѣ.

ѢД, ЯД,
manger.

— ѣ-сть manger.
— ѣд-кій mordant.
— ѣд-á le manger.
— ѣд-óкъ le consommateur.
— ѣд-ýнъ le gourmand.
— ѣд-ýчій corrosif.
— за-ѣд-ки le dessert.
— об-ѣд-ъ le dîner.
— об-ѣд-ня la messe.
— сн-ѣд-ь la nourriture.
— съ-ѣ-стнóй mangeable.

— я́-ства les mets.
— яд-ь l'aliment.
— яд-ъ le poison.
— яд-овитый venimeux, vénéneux
— яд-óмый mangeable.

ѢЗД,
aller à cheval, en voiture.

— ѣзд-ить aller (à cheval, en voiture).
— ѣзд-á la course.
— ѣзд-ъ le passage.
— ѣзд-óкъ le cavalier.
— вы́-ѣзд-ъ le départ.
— за-ѣзж-ій le voyageur.
— на-ѣзд-никъ le corsaire.
— подъ-ѣзд-ъ le perron.
— по-ѣзд-ъ le départ.
— пó-ѣзд-ъ le train de chemin de fer.
— прі-ѣзж-ій le nouveau venu.
— про-ѣзд-ъ le passage.
— у-ѣзд-ъ le district.

Я.

я voyez ем.

ЯВ,
manifeste.

— *яв*-ить montrer.
— *яв*-ный évident.
— *яв*-ность la clarté.
— за-*яв*-леніе la déclaration.
— по-*яв*-леніе l'apparition.
— про-*яв*-леніе la manifestation.

яд voyez ѣд.

ЯЗВ,
plaie, fente.

— *язв*-а la plaie, la fente, la peste.
— *язв*-еный blessé.
— *язв*-ина l'ulcère.
— *язв*-ить blesser, piquer.

яр,
vie intense, fureur.

— *яр*-ый furieux.
— *яр*-ить irriter.
— *яр*-кій éclatant.
— *яр*-ость la fureur.

ЯСН,
clarté.

— *ясн*-ый clair.
— *ясн*-ость la clarté.
— *ясн*-ѣть s'éclaircir.
— объ-*ясн*-еніе le commentaire.

Index alphabétique.

	page
Алк- avidité	1
Ба- raconter des histoires	1
бав- exister	1
бд- éveiller, exciter	2
бер- prendre	2
берег- rive	3
берег- garder	3
би- battre	3
бид- misère	4
бир- prendre, v. бер	
благ- bien, bonté	4
благи- scandale	4
блат- marais	5
блеск- briller	5
блест- briller, v. блеск	
близ- proximité	5
блист- briller, v. блест	
блуд- faute	5
блюд- pâleur	6
блюд- observer	6
бляд- faute, v. блуд	
бог- Dieu, bien	6
бод- piquer	6
бод- éveiller, exciter, v. бд	
бой- battre, v. би	
бок- côté	7
бол- souffrance	7

	page
болот- marais, v. блат	
болт agiter, bavarder	7
бол- mieux, plus grand	7
бор- lutter, vaincre	8
бор- prendre, v. бер	
борон- défendre, quereller	8
бр- prendre, v. бер	
бран- défendre, quereller v. борон	
брат- frère	8
брег- rive, garder, v. берег	
бред- errer, passer	8
бри- raser	9
брод- errer, passer, v. бред	
брос- jeter, lancer	9
бряк- résonner	9
бряц- résonner, v. бряк	
буд- éveiller, exciter, v. бд	
бур- orage	10
бы- être, exister, v. бав	
быстр- rapidité	10
бѣг- courir, fuir	10
бѣд- misère, offense, v. бид	
бѣл- blanc	10
бѣс- diable	11
Ваг- poids	13
вал- rouler, entasser	13
вар- bouillir	13
вед- conduire	14
вез- conduire en voiture	14
вел- vouloir, ordonner	15
велик- grandeur	15
вель- grandeur, v. велик	
верт- tourner	15
верх- sommet, achèvement	16
весел- gaîté	17
вечер- soir	17

	page
ви- tordre	17
вид- voir	18
вин- dette, faute	18
вис- pendre, peser	18
вит- habiter	19
влаг- humidité	19
влад- puissance	20
влак- tirer, traîner	20
влас- cheveu	20
влек- tirer, traîner, v. влак	
вод- eau	21
вод- conduire, v. вед	
воз- conduire en voiture, v. вез	
вой- guerre	21
вол- vouloir, ordonner, v. вел	
волг- humidité, v. влаг	
волн- agitation, flot	21
волок- tirer, traîner, v. влак	
волос- cheveu, v. влас	
вон- mauvaise odeur	22
ворк- grogner, gronder	22
ворог- ennemi	22
ворот- tourner, v. верт	
воск- cire	22
враг- ennemi, v. ворог	
врат- tourner, v. верт	
врач- traitement des maladies	23
вред- dommage	23
времен- temps	23
время- temps, v. времен	
выс- haut, élevé	24
вѣ- souffle, vent	24
вѣд- savoir, connaître	24
вѣк- siècle, âge, vigueur	25
вѣн- couronne, mariage	25
вѣр- foi, croyance	25
вѣс- pendre, peser, v. вис	
вѣт- délibérer	26

	page
гяз- resserrer, rétrécir	. 26
гад- serpent, dégoût	. 29
гад- convenance, temps	. 29
гар- brûlant, amer	. 29
гвозд- clou	. 30
гиб- courber, plier	. 30
гиб- perte, ruine	. 31
глав- tête	. 31
глад- lisse, poli	. 31
глад- faim	. 32
глаз- œil	. 32
глас- voix	. 32
глох- sourd	. 33
глуб- profondeur	. 33
глуп- sottise	. 33
глух- sourd, v. глох	
гляд- regarder	. 33
гн- chasser, pousser	. 34
гни- pourriture	. 34
гной- pourriture, v. гни	
гнѣв- colère	. 34
говор- parole	. 35
год- convenance, temps, v. гад	
гол- nu, chauve	. 35
голов- tête, v. глав	
голод- faim, v. глад	
голос- voix, v. глас	
голуб- pigeon, bleu	. 35
гон- chasser, pousser, v. гн	
гор- brûlant, amer, v. гар	
гор- montagne	. 36
горб- bossu	. 36
горд- orgueil	. 36
горл- gosier, gorge	. 36
город- clôture, ville	. 37
господ- seigneur	. 37
гост- hôte, visite	. 37

page
готов- préparer 38
гр- brûla t, amer, v. rap
град- clôture, ville, v. город
гран- coin, facette, limite . 38
греб- râcler, peigner, ramer 38
грем- tonnerre 39
гроз- menace, terreur . . . 39
гром- tonnere, v. грем
груб- grossièreté 39
груд- sein, poitrine . . . 40
груз- charger, enfoncer . . 40
груст- chagrin 40
грыз- ronger 40
грѣх- péché 41
гряз- charger, enfoncer,
  v. груз
губ- perte, ruine, v. гиб
гул- promenade, divertissement 41
густ- épaisseur 41

Да- donner 43
дав- presser, étouffer . . 43
даль- éloignement . . . 44
дв- deux 44
двер- porte, cour 44
двиг- mouvement, effort . . 45
движ- mouvement, effort,
  v. двиг
двор- porte, cour, v. двер
ден- jour 45
дер- arracher, déchirer . . 46
дерев- bois, arbre 46
держ- tenir 47
ди- traire, téter 47
див- merveille, étonnement . 48
дик- sauvage 48
дир- arracher, déchirer, v. дер

	page
дли- longueur	48
дн- jour, v. день	
дн- fond	48
доб- convenance, bonté	49
добр- bonté, v. доб	
дой- traire, téter, v. ди	
дол- devoir, dette	49
дол- longueur	49
дом- maison	50
дон- fond, v. дн	
дор- arracher, déchirer, v. дер	
дорог- route, chemin	50
дорог- précieux, cher	50
дох- esprit, souffle	50
др- arracher, déchirer, v. дер	
драг- précieux, cher, v. дорог	
древ- bois, arbre, v. дерев	
дрем- sommeil léger	51
дров- bois, arbre, v. дерев	
дрог- trembler	52
друг- amitié	52
ду- souffler	52
дуб- chêne	52
дум- pensée	53
дур- sottise, laideur, méchanceté	53
дух- esprit, souffle, v. дох	
дх- esprit, souffle, v. дох	
дым- fumée	53
дых- esprit, souffle, v. дох	
дю- traire, téter, v. ди	
дѣ- faire	54
дѣв- virginité	54
дѣл- part	55
Ем- avoir, posséder	57

		page
Жа- presser	. . . .	59
жа- moisson	. . . .	59
жад- soif, avidité	. .	59
жал- pitié, plainte	. .	60
жал- gratification	. .	60
жар- chaleur	. . . .	60
жг- brûler	. . . .	60
жд- attendre	. . . .	61
жег- brûler, v. жг		
жел- désir, souhait	. .	61
желт- jaune	. . . .	61
желѣз- fer	. . . .	62
жен- femme	. . . .	62
жер- dévorer	. . . .	62
жерт- sacrifice	. . .	62
жест- dureté, cruauté	.	63
жи- vie	. . . .	63
жиг- brûler, v. жг		
жид- attendre, v. жд		
жид- liquide	. . . .	64
жим- presser, v. жа		
жин- moisson, v. жа		
жм- presser, v. жа		
жн- moisson, v. жа		
жог- brûler, v. жг		
жор- dévorer, v. жер		
жр- dévorer, v. жер		
жрец- sacrifice, v. жерт		

Забот- souci	. . . .	66
зад- derrière	. . . .	66
зар- voir	. . . .	66
зв- appeler	. . . .	67
звен- résonner	. . .	67
звон- résonner, v. звен		
звук- résonner, v. звен		
звѣзд- étoile	. . . .	68
звѣр- bête féroce	. . .	68

	page
зняк- résonner, v. звен	
зд- construction	68
здоров- santé	69
здрав- santé, v. здоров	
зелен- vert	69
зем- terre	69
зер- voir, v. зар	
зи- bâiller	70
зид- construction, v. зд	
зим- hiver, froid	70
зир- voir, v. зар	
зл- méchanceté	70
злат- or	71
зна- connaître, savoir	71
зов- appeler, v. зв	
зод- construction, v. зд	
зол- cendre	72
золот- or, v. злат	
зор- voir, v. зар	
зр- voir, v. зар	
зрѣ- maturité	72
зуб- dent	72
зыв- appeler, v. зв	
зѣ- bâiller, v. зи	
зяб- hiver, froid, v. зим	
Игл- aiguille	74
игр- jeu	74
им- avoir, posséder, v. ем	
имен- nom	74
имя- nom, v. имен	
иск- chercher	74
Каз- dire, montrer	77
каз- supplice, châtiment	77
казн- trésor, fisc	77
камен- pierre	77

	page
кап- goutte	78
кап- creuser	78
кас- toucher	78
кат- rouler, balancer	79
квас aigreur, acidité	79
кид- jeter, abandonner	80
кип- bouillir	80
кис- aigreur, acidité, v. *квас*	
клад- poser, ranger	80
клан- inclination, pente	81
клевет- calomnier	81
клей- coller	82
клик- cri	82
клин jurer	82
клиц cri, v. *клик*	
клок- touffe	82
клон- inclination, pente, v. *клан*	
клуб- pelote, tourbillon	83
ключ- clef	83
кля- jurer, v. *клин*	
книг- livre	83
ков- forger	83
кож- peau	84
коз- chèvre, bouc	84
кой- repos	84
кол- piquer, battre	85
кол- agiter, bercer	85
кол- rond, roue	85
колд- sorcellerie	85
колод- poser, ranger, v. *клад*	
кон- cheval	86
кон- fin, extrémité	86
коп- creuser, v. *кап*	
коп- entasser	86
кор- reprocher, humilier, soumettre	87
корен- racine	87

	page
корм- nourrir	87
корм- gouverner	88
корот- court	88
кос- toucher, v. кас	89
кос- courbe, oblique	89
кос- cheveu, poil	89
кост- os	89
коч- vie nomade	89
крад- voler, dérober	90
край- couper, border	90
крас- rouge, beau	90
крат- court, v. корот	
крест- croix	91
крив- tordre, fausser	91
крик- cri, v. клик	
кров- sang	91
кров- creuser, couvrir	91
крой- couper, border, v. край	
круг- cercle	92
крут- torsion, raideur	92
крыв- creuser, couvrir, v. кров	
крѣп- force, résistance	93
ку- forger, v. ков	
куп- acheter	93
кур- fumer (du tabac)	93
кус- goûter, mordre	93
лав- chasser	96
лаг- étendre	96
лад- accord, harmonie	97
лаз- grimper, ramper	97
лай- aboyer	98
лак- avidité, v. алк	
лап- patte	98
ласк- caresse, grâce	98
лг- mensonge	98
лег- être étendu, v. лаг	
лег- léger, facile	99

page
.лед- glace 99
.лез- léger, facile, v. лег
.лез- grimper, ramper, v. лаз
.лек- guérir 99
.лест- flatterie . . . 100
.лет- voler, s'envoler . . 100
.лз- grimper, ramper, v. лаз
.лu- verser, fondre . . . 101
.лиз- lécher 101
.лик- visage, personne . . 102
.лип- visqueux, attirant . . 102
.лист- feuille 102
.лих- mauvais 103
.лиц- visage, personne, v. лик
.лиш- superflu 103
.лоб- fr(. . . 103
.лов- (v. лав
.лог- être étendu, v. лаг
.лог- mentir, v. лг
.лой verser, fondre, v. лu
.лом- briser 103
.лоск- poli, brillant . . 104
.луг- prairie 104
.лук- attirer 104
.лук- courbe 105
.лъ- visqueux, attirant, v. лип
.лъг- léger, facile, v. лег
.лъд- glace, v. лед
.лъз- léger, facile, v. лег
.лъст- flatterie, v. лест
.лъж- mentir, v. лг
.льв- gauche 105
.льз- grimper, ramper, v. лаз
.льк- guérir, v. лек
.льн- paresseux . . . 105
.льп- visqueux, attirant,
    v. лип
.льс- forêt 105

	page
лѣт- été, année	106
люб- aimer	106
люд- les gens, le monde	106
ляг- sauter, ruer	107
лякъ- courbe, v. лук	
Маз- graisse	109
мал- petit	109
ман- tromper, attirer	109
мар- salir	110
мас- graisse, v. маз	
мах- agiter, lancer	110
мг- cligner	110
мед- lenteur	111
меж- milieu	111
мезд- récompense	111
мек- penser, rêver	111
мел- petitesse, finesse	112
мер- mort	112
мерз- glace, gelée, dégoût	113
меркъ- obscurité	113
мет- balayer	114
мет- jeter, dévider	114
мзд- récompense, v. мезд	
миг- cligner, v. мг	
мил- affection, pitié	114
мин- pensée	115
мир- mort, v. мер	
мир- paix	115
мір- monde	116
мкъ- fermer	116
млад- jeunesse	116
млек- lait	117
мни- pensée, v. мнн	
мнѣ- pensée, v. мнн	
мов- laver	117
мог- pouvoir	117
мой- laver, v. мов	

page

мок- fermer, v. мк
мок- humidité 118
мол- petitesse, finesse, v. мел
мол- prière 118
молв- bruit de paroles . . 119
молк- silence 119
молод- jeunesse, v. млад
молок- lait, v. млек
мор- mort, v. мер
мор- mer 119
мороз- glace, gelée, dégoût,
    v. мерз
морок- obscurité, v. мерк
мост- pont, pavé . . . 120
мот- jeter, dévider, v. мет
мр- mort, v. мер
мраз- glace, gelée, dégoût,
    v. мерз
мрак- obscurité, v. мерк
мудр- sagesse 120
муж- homme 120
мук- broyer 121
мук- farine 121
мут- trouble 121
мы- laver, v. мов
мык- fermer, v. мк
мысл- pensée 122
мѣд- cuivre 122
мѣн- changement . . . 123
мѣр- mesure 123
мѣс- mélange 123
мѣст- lieu, endroit . . . 124
мѣт- précision 124
мѣх- peau, fourrure . . 124
мя- penser, v. мнн
мят- troubler, v. мут

Наг- nudité 127

	page
неб- ciel	127
нер- plonger	127
нес- porter	127
низ- bas, inférieur	128
ник- se baisser	129
ниц- se baisser, v. ник	
нов- nouveau	129
нож- couteau	129
нос- nez, narine	129
нор- plonger, v. нер	
норов- caractère, mœurs	130
нос- porter, v. нес	
нос- nez, narine, v. ноз	
ноч- nuit	130
нрав- caractère, mœurs, v. норов	
нужд- nécessité	130
нур- plonger, v. нер	
ны- affliction	131
ныр- plonger, v. нер	
нѣг- tendresse, délicatesse	131
нѣм- muet	131
нюх- flairer, sentir	131
Об- autour	133
огн- feu	133
ок- œil	133
ос- axe, pointe	133
отец- paternité	134
Пад- tomber	136
пай- souder	136
пак- sale, méchant	136
пал- brûler	137
пар- vapeur	137
пар- voler	137
парх- poussière	138
пас- faire paître	138

	page
нах- labourer	139
нах- odeur, souffle	139
нек- cuisson, souci	139
нел- brûler, v. пал	
неp- voler, v. нap	
неp- appui, effort	140
нерек- défense	140
нерх- poussière, v. нарх	
нес- écrire, peindre	141
нечат- sceau, empreinte	141
ну- boire	141
ну.т- scie, lime	142
нуи- étendre, attacher	142
нуp- appui, effort, v. неp	
нуc- écrire, peindre, v. нес	
нум- nourriture	143
н.т- brûler, v. нел	
н.лав- nager, flotter	143
н.лак- pleurer	143
н.там- payer	144
н.там- entrelacer	144
н.лет- entrelacer, v. плат	
н.лов- nager, flotter, v. п.лав	
н.лод- fruit	145
н.лоск- plat	145
н.лот- entrelacer, v. плат	
плот- chair	145
плох- mauvais	145
н.лы- nager, v. плав	
н.тън- captivité	145
нн- étendre, attacher, v. нии	
ноŭ- souder, v. най	
ноŭ- boire, v. ни	
нол- brûler, v. нал	
нол- moitié, plancher	146
но.s- champ	146
но.лк- régiment	146
но.ти- plein	147

	page
полон- captivité, v. плѣн	
полот- entrelacer, v. плат	
пон- étendre, attacher, v. пни	
пор- appui, effort, v. пер	
пор- voler, v. пар	
пороз- vide	147
порох- poudre, v. парх	
порх- poudre, v. парх	
пр- voler, v. пар	
прав- droit	147
праз- vide, v. пороз	
прах- poudre, v. парх	
прек- défense, v. перек	
прет- défense, v. перек	
прія- amitié, agrément	148
прос- demande, prière	148
прост- simplicité, pardon	148
пруг- atteler, tendre	149
пруг- atteler, tendre, v. пруг	
пръск- jaillir	149
пряг- atteler, tendre, v. пруг	
пряд- fil	149
прям- droit	150
пт- oiseau	150
пу- étendre, attacher, v. пни	
пуг- effroi	150
пуз- vessie, enflure	150
пуск- laisser, aller	151
пуст- vide	151
пут- chemin	152
пух- duvet, poil	152
пъл- brûler, v. пал	
пыт- essai, tentation	153
пых- duvet, poil, v. пух	
пя- étendre, attacher, v. пни	
пят- talon	153
Раб- travail, enfance	155

		page
равн- égalité	. . . .	155
рад- joie	. . . .	155
раз- coup, empreinte	. .	156
раз- différence	. . .	156
ран- matin	. . . .	156
ран- blessure	. . . .	157
раст- croissance	. . .	157
рат- armée	. . . .	157
рв- arracher	. . . .	158
реб- travail, enfance, v. рад		
ревн- zèle, jalousie	. . .	158
рек- parole	. . . .	158
ров- creuser	. . . .	158
ровн- égalité, v. равн		
рог- corne	. . . .	158
род- génération, naissance	.	160
рок- échéance, parole, v. рек		
рост- croissance, v. раст		
руб- couper	. . . .	161
рук- main, bras	. . .	161
рух- friable, meuble	. .	162
ры- creuser, v. ров		
рыб- arracher, v. рв		
рыс- trot	. . . .	163
рых- friable, meuble, v. рух		
рѣд- rare	. . . .	163
рѣз- couper	. . . .	163
рѣк- parole, v. рек		
рѣт- trouver	. . . .	164
рѣш- décider	. . . .	164
ряб- bigarrer	. . . .	164
ряб- couper, v. руб		
ряд- ordre, rang	. . .	164
Сад- asseoir, établir	. . .	167
сан- dignité	. . . .	168
свад- mariage	. . . .	168
сват- mariage, v. свад		

17

	page
св- sifflement	168
своб- liberté	169
свой- propriété	169
свѣж- fraîcheur	169
свѣт- lumière, monde	169
свят- saint, sacré	170
сед- asseoir, établir, v. сад	
серд- centre, milieu	170
серед- centre, milieu, v. серд	
сид- asseoir, planter, v. сад	
сил- force	171
син- bleu	171
сип- enrouement	171
скак- saut, bond	171
скок- saut, bond, v. скак	
скорб- souci, injure	172
скрип- grincer	172
скук- ennui	172
сл- envoyer	172
слаб- faiblesse	173
слав- entendre, bruit	173
слад- douceur	174
сли- visqueux, glissant	174
слоб- liberté, v. своб	
слов- entendre du bruit, v. слав	
слу- entendre, bruit v. слав	
слуг- serviteur	175
слы- entendre, bruit v. слав	
слѣд- suite, trace	175
слѣп- aveugle	175
смерд- puanteur	176
смол- poix, goudron	176
смород- puanteur, v. смерд	
смотр- regarder	176
страд- puanteur, v. смерд	
смѣ- rire	177
смѣ- audace	177

	page
сн- sommeil	177
снов- fonder, ourdir	178
сну- fonder, ourdir, v. снов	
снѣг- neige	178
сов- fourrer	178
сол- envoyer, v. сл	
сол- sel	179
солн- soleil	179
солод- douceur. v. слад	
сон- sommeil, v. сн	
соп- sommeil, v. сн	
сор- ordure, querelle	179
сором- honte	179
сох- sécheresse	180
сп- dormir, v. сн	
спас- sauver	180
спѣх- hôte, succès	180
срам- honte, v. сором	
сред- centre, milieu, v. серд	
ста- se tenir, coûter	181
стар- vieillesse	183
стел- étendre	183
стер- étendre	184
стерег- garde, conservation	184
стил- étendre, v. стел	
стир- étendre, v. стер	
стл- étendre, v. стел	
стой- se tenir, coûter, v. ста	
стол- étendre, v. стел	
стор- étendre, v. стер	
сторож- garde, conservation, v. стерег	
стоя- se tenir, coûter, v. ста	
стр- étendre, v. стер	
страд- souffrance, passion	185
страж- garde, conservation, v. стерег	
страм- honte. v. сором	

17*

	page
страх- crainte, frayeur	185
стриг- tondre	185
стров- courant	186
строг- garde, conservation, v. стеrег	
строй- ordre, construction	186
стру- courant, v. стров	
стрѣл- flèche, tir	186
студ- froid, honte	186
стук- frapper	187
стыд- froid, honte, v. студ	
стык- frapper, v. стук	
стуn- marcher	187
стѣн- mur, paroi	188
су- fourrer, v. сов	
суд- jugement	188
сук- tordre	189
сут- existence	189
сух- sécheresse, v. сох	
сыл- envoyer, v. сл	
сын- sommeil, v. сн	
сып- répandre une matière friable	189
сых- sécheresse, v. сох	
сѣ- semer	190
сѣд- asseoir, établir, v. сад	
сѣк- couper	190
сяд- asseoir, établir, v. сад	
Тай- secret, mystère	193
так- approbation	193
таск- tirer, traîner	193
твар- création	193
тверд- dureté	194
твор- création, v. твар	
тек- couler, courir	194
тем- obscurité	195
теn- chaleur	195

	page
тер- frottement	195
терп- supporter	196
теря- perdre	196
тир- frottement, v. тер	
тис- serrer, presser	196
тих- silence	197
тк- adhérer, enfoncer	197
тл- corruption	198
тм- obscurité, v. тем	
ток- couler, courir, v. тек	
ток- adhérer, enfoncer, v. тк	
толк- frapper, pousser	198
толок- frapper, pousser, v. толк	
толст- épaisseur, grosseur	199
том- lassitude	199
тон- minceur, finesse	199
топ- chaleur, v. теп	
топ- plonger	199
тор- frottement, v. тер	
торг- commerce	200
торон- précipitation, tremblement	200
тоск- chagrin	200
тощ- vide	201
трав- herbe	201
треб- exiger	201
трепт- précipitation, tremblement, v. торон	
трог- toucher	202
труб- tuyau	202
труд- fatigue, travail	202
трус- tremblement	202
тряс- tremblement, v. трус	
тяг- tendre, tirer, peser	203
тщ- vide, v. тощ	
тьм- obscurité, v. тем	
тык- adhérer, enfoncer, v. тк	

	page
тѣл- corps	204
тѣн- ombre	204
тѣс- serrer, presser, v. тиc	
тѣх- silence, v. тих	
тяг- tendre, tirer, v. тyг	

Угл- angle	206
угл- charbon	206
уз- resserrer, rétrécir, v. вяз	
ук- instruire	206
ул- division géométrique	207
ум- intelligence	207
уст- bouche	207
утр- matin	207
ух- oreille	208

Хвал- éloge	210
хват- saisir, emporter	210
хит- saisir, emporter, v. хват	
хлад- froid	210
хлап- servitude	211
хлеб- pain, blé	211
хлоп- servitude, v. хлап	
хлоп- claquer	211
хлопот- souci	212
ход- aller, marcher	212
холод- froid, v. хлад	
холоп- servitude, v. хлап	
холост- castration, célibat	214
хорон- garder, conserver	214
хот- volonté	214
хран- garder, conserver, v. хорон	
хрип- grinçant, rauque	215
худ- mauvais, maigre	215

| *Цвѣт-* fleur, couleur | 217 |

	page
церков- église	217
цѣл- entier, pur	217
цѣн- prix, valeur	217
цѣп- chaîne, crochet	218

Ча- commencement, rang . 220
чар- enchantement . . . 220
час- heure 221
част- partie 221
част- fréquent 221
черк- trait, ligne . . . 222
черн- noir 222
черт- trait, ligne, v. черк
чес- cheveu, poil, v. кос
чет- compter, lire, honorer . 222
чи- repos, v. кой
чин- commencement, rang,
   v. ча
чис- compter, lire, v. чет
чист- propreté, pureté . . 223
чит- lire, compter, v. чет
чн-commencement, rang, v. ча
чт- lire, compter, v. чет
чу- sensation, sentiment . 224
чуд- merveilleux, étranger . 224

Шаг- pas 226
шв- coudre 226
шед- aller, marcher, v. ход
ши- coudre, v. шв
шип- épine 226
шир- largeur 226
шл- envoyer, v. сл
шов- coudre, v. шв
шум- bruit 227
шут- plaisanterie . . . 227

		page
Щел- fente, cravasse	. .	. 229
щеп- pincer, tâter	. .	. 229
щип- pincer, tâter, v. щеп		
щит- défense, protection		. 229
щуп- pincer, tâter, v. щеп		

Ык- instruire, v. ук
ыск- chercher, v. иск

Ѣд- manger 233
ѣзд- aller en voiture, à cheval 233

Я- avoir, posséder, v. ем, пріѧ
яв- manifeste 235
яд- manger, v. ѣд
язв- plaie, fente 235
яр- vie intense, fureur . . 235
ясн- clarté 235

TABLE DES MATIÈRES.

Avant-propos III
Racines 1
Index alphabétique 241

DU MÊME AUTEUR

Histoire de l'Autriche-Hongrie, 3ᵉ édition, 1 vol. in-12 . . . . 5 Fr. —
Russes et Slaves, 1 vol. in-12 . . . . . 3 „ 50
Études Slaves, 1 vol. . . . . 3 „ 50
Nouvelles études Slaves, 2 vol. in-12 . . . 7 „ 50
Contes Slaves, 1 vol. in-12 . . . . . . 5 „ —
Chronique russe dite de Nestor, 1 vol. gr. in-8º, 15 „ —
Esquisse sommaire de la Mythologie slave, in-8º 1 „ 50
La Save, le Danube et le Balkan, 1 vol. in-18 3 „ —
La Bulgarie, 1 vol. in-18. . . . . 3 „ 50
Grammaire Russe, 1 vol. in-18 . . . . . 5 „ —
La Russie et l'Exposition de 1878, 1 vol. in-12 1 „ —
Les Slaves au XIXᵉ siècle, broch. in-8º . . 1 „ —
La littérature russe. Notices et extraits des principaux auteurs, 1 vol. in 12 . . . . 4 „ —
Voyage en Orient de son Altesse Impériale le Césarevitch (traduit du russe) 1 vol. in-4º 50 „ —

Ces ouvrages se trouvent à la librairie Maisonneuve, 25 quai Voltaire

www.ingramcontent.com/pod-product-compliance
Lightning Source LLC
Chambersburg PA
CBHW050643170426
43200CB00008B/1134